Bibliothèque Politique et Economique

DAVID JAYNE HILL

AMBASSADEUR DES ETATS-UNIS

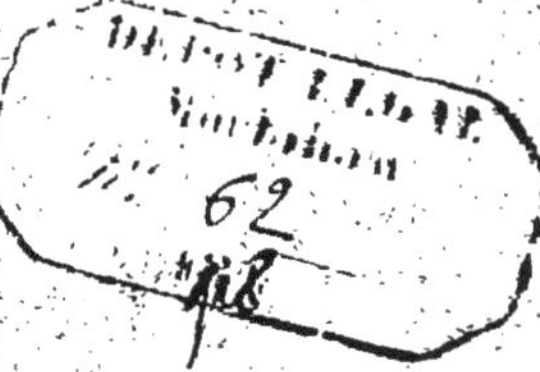

LA
RECONSTRUCTION
DE L'EUROPE

TRADUIT DE L'ANGLAIS PAR L.-P. ALAUX

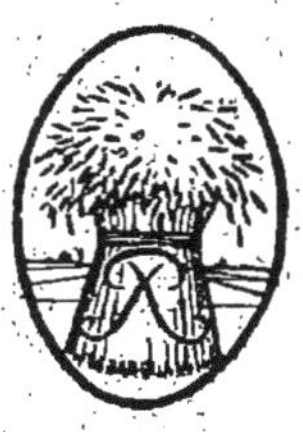

PAYOT ET CIE, PARIS
106, BOULEVARD SAINT-GERMAIN

1918

LA RECONSTRUCTION

DE L'EUROPE

DU MÊME AUTEUR

La Crise de la Démocratie aux Etats-Unis
(Préface de M. Emile Boutroux, de l'Académie
Française). Un vol. in-16................................ **4,50**

DAVID JAYNE HILL

AMBASSADEUR DES ÉTATS-UNIS

LA
RECONSTRUCTION
DE L'EUROPE

TRADUIT DE L'ANGLAIS PAR L.-P. ALAUX

PAYOT ET Cie, PARIS
106, BOULEVARD SAINT-GERMAIN

1918

LA

RECONSTRUCTION DE L'EUROPE

CHAPITRE Ier

L'HÉRITAGE NÉFASTE DE L'EUROPE

La faillite de Rome. — L'Etat-tribu. — La conception européenne de la souveraineté : Machiavel. — La paix de Westphalie. — Le xviiie siècle. — Jean Bodin et Althusius. — Le Congrès de Vienne et la Sainte Alliance. — Neutralité moderne. — Le peuple-souverain héritier du prince. — Militarisme et industrialisme. — Les rivalités économiques.

Pour les historiens de l'avenir, l'an 1914 sera peut-être une date aussi importante que l'an 1453 accepté comme ligne de démarcation entre le moyen âge et l'histoire moderne. La chute de Constantinople et l'établissement des Turcs en Europe révéla l'insuffisance du lien qui unissait la chrétienté. La guerre européenne actuelle révèle aussi l'insuffisance des conceptions purement nationales pour réaliser l'organisation complète de l'humanité. La chrétienté ne réussit pas à unir le monde par la foi et la civilisation n'a pas réussi davantage à se maintenir par un simple équilibre de forces.

La grande tragédie de l'histoire a été le conflit qui s'éleva entre l'humanisme universel que Rome entreprit d'établir d'abord par la loi, puis par la foi, et ce régime de la tribu (1) des races primitives de l'Europe. Au XVe siècle, la tribu triompha et cette unité morale de l'Europe que Rome avait en vain tenté d'édifier disparut entièrement. L'empire et la papauté, dans lesquels de grands esprits avaient placé une foi aveugle, s'avérèrent incapables en présence des conflits ethniques soit de gouverner le monde, soit de conserver la cohésion de l'univers chrétien. Tout ce qui avait prêté une magnifique grandeur à Rome sembla sombrer lorsque l'Empire grec, ce dernier rempart de l'impérialisme romain, tristement séparé depuis longtemps déjà de la Curie romaine, acquitta la rançon de ce séparatisme et tomba sous l'assaut ottoman.

Avec lui, l'unité essentielle de l'humanité, la suprématie de la loi basée sur la raison et sur le commandement divin, la solidarité morale de tous ceux qui acceptaient les formules de la foi, l'organisation effective de la paix comme condition du bonheur humain, tous ces postulats splendides de l'idée impériale romaine disparurent dans une fatale catastrophe. A la place de la *Pax romana, Faustrecht,* le poing ganté de fer, triompha dans les frontières de la chrétienté. S'éteignant lentement durant un millénaire, les traditions du monde antique que l'empire grec avait essayé de sauver bien longtemps après l'ébranlement profond

(1) *Tribalism,* dans le texte (Note du Traducteur).

que leur avait fait subir le tribalisme occidental, furent définitivement abandonnés. On vit que l'avenir allait appartenir aux nations séparées qui seules possédaient un sens puissant de l'unité. La disparité des races, l'esprit d'indépendance locale, le conflit entre les formes spirituelles et temporelles d'obédience, contribuèrent à rendre possible le développement de puissantes monarchies nationales et l'ambition dynastique s'empressa avec ardeur d'utiliser ces facteurs pour la réalisation de ses desseins.

Il y avait pourtant un élément de progrès dans cette nouvelle affirmation de l'esprit de tribu. La domination romaine avait détruit l'équilibre entre la loi et la liberté. Les énergies vitales des races primitives ne pouvaient pas être ainsi supprimées. Toute la riche variété de la diversité humaine pesa de tout son poids pour aider à l'éclosion de la nationalité. Afin de donner à la loi toute son autorité il fut nécessaire qu'elle jaillît de l'expérience au lieu d'être imposée comme un système dominant. Chaque nation dut parvenir à la destination commune en suivant son propre chemin sous la conduite de ses chefs particuliers. La formation des états-nations devint dès lors moralement inévitable et ce fut un élément essentiel du développement complet des capacités humaines.

Le défaut capital de cette évolution fut la cruauté et l'ignorance des barbares qui servirent à former ces états-nations. L'action fut nécessairement une œuvre de force brutale bien plus que d'intelligence. Dans les masses de la population l'instinct de conservation donna bien vite à tout protecteur une large autorité. Quant aux chefs naturels, l'instinct de domination détermina la nature du pouvoir de l'état. Le résultat fut que l'état-nation, se dégageant lentement de l'état féodal, devint une création dynastique dans laquelle la race, base naturelle de la nationalité, joua un rôle subordonné. Rarement l'œuvre de conquête procéda en suivant une ligne strictement ethnique. La tâche première fut d'expansion géographique et de sécurité stratégique. Une fois soumises, les différentes races se confondirent graduellement avec leurs vainqueurs pour former des unités nationales distinctes dans lesquelles le sang s'effaça devant les traditions nationales et les diversités les plus opposées de race, de langage et de croyance religieuse se fondirent finalement dans la substance des états-nations. L'unité que ces états-nations possèdent maintenant dériva du sens de la communauté qui se développa progressivement en eux par le contact étroit, l'intérêt, les souffrances et les triomphes communs. Mais ils furent à l'origine des créations de la force exercée surtout par des dynasties dominantes sous l'action desquelles ils parvinrent dans le cours du temps à un état de conscience nationale individuelle.

Le phénomène se manifesta dans certains cas avec tant d'intensité que la volonté de la nation devint plus puissante que celle de la dynastie. C'est pourquoi cette dernière fut entièrement écartée, comme en France, ou réduite à survivre comme un simple symbole de l'unité nationale, comme en Angleterre. Ce n'est plus que dans un petit nombre de cas que la dynastie continue à exercer une autorité sans contrôle.

Deux instruments furent surtout employés comme moyens de formation de l'état-nation : la guerre et le mariage. L'expansion territoriale acquise par l'énergie guerrière d'une tribu conquérante sous la conduite d'un chef héréditaire fut largement aidée par l'union de ces tribus au moyen des mariages réciproques de leurs chefs et des successions, produisant ainsi une tribu dans le sein d'une tribu. De grands empires ont été constitués par le nœud du mariage comme des fleuves puissants sont formés par la confluence de plusieurs tributaires en un seul cours d'eau. La maison de Habsbourg, par exemple, doit davantage à Vénus qu'à Mars : dans le cours de son histoire, des peuples entiers éloignés les uns des autres dans l'espace et encore plus éloignés par le caractère ont été transférés sous la loi de ces maîtres étrangers par des contrats matrimoniaux. L'état-nation a rarement été gouverné par le sang non-altéré de sa propre tribu dominante. Dès ses premiers débuts, la royauté fut jusqu'à un certain point une institution internationale, une sorte de supertribu appelée à régner par le simple fait de l'hérédité, composée de personnages qui tout en étant ennemis sur les champs de bataille s'étaient alliés au pied des autels. Et malgré la dévotion des monarques au nationalisme, il a toujours existé une solidarité secrète des intérêts royaux.

Le succès à la guerre engendre toujours son propre étalon moral et le dynasticisme n'y a pas manqué. La

Rome républicaine mit son orgueil à ne jamais déchaîner une guerre injuste. Elle avait son collège de féciaux pour décider si une action militaire entreprise même contre les barbares était juste. Cette pratique découlait d'une dévotion suprême à l'idée de loi et d'un respect profond de la raison humaine, source de la loi. Les fondateurs et les constructeurs des états-nations ne se sont pas embarrassés de pareils scrupules. Ils ont adopté la devise que la volonté du prince est la loi et qu'il n'existe aucune autre loi au-dessus de cette volonté. Les états-nations et en vérité presque tous les autres états ont souscrit à ce principe, toute la question étant de savoir qui en réalité détient l'autorité du prince.

Le « Souverain » quel qu'il soit, sans loi qui l'oblige, attribut abstrait du maître appelé « Souveraineté », a été généralement accepté comme la substance de l'état et sa puissance a été conçue comme devant être, ainsi que le fut réellement celle du prince absolu, tout à fait illimitée. Depuis que la chrétienté a été abolie et que le régime de la tribu a prévalu, un pouvoir sans limite a été reconnu et est reconnu dans le droit public de l'Europe comme le fondement de l'état.

La question fondamentale posée par la Grande Guerre est celle-ci : cette répudiation ouverte de l'humanisme au profit de la tribu peut elle durer ? Est-il vrai qu'un souverain — *tout* souverain, fût-il la totalité de ce qu'on appelle le « peuple-souverain » — possède le droit d'affirmer une autorité sans limite ou même une autorité limitée seulement par l'extension de son pouvoir ? N'existe-t-il pas une loi pour la conduite des états, écrite ou non écrite, à laquelle tous les souverains seraient requis d'obéir, une loi ne faisant aucun cas de la source théorique ou de l'étendue actuelle de leur pouvoir ? S'il existe une pareille loi, reconnue ou non reconnue, la conception de la souveraineté considérée dans sa nature absolue et illimitée est évidemment fausse.

Ce fut Machiavel qui exposa la théorie de l'état-tribu et les méthodes propres à assurer son développement. En cela il n'a rien inventé, mais a simplement formulé en termes définis les principes que des monarques heureux mettaient déjà en pratique. « *Le Prince* », déclare Villari, « a eu une action plus directe sur la vie réelle qu'aucun autre livre au monde et une part plus large dans l'émancipation de l'Europe depuis le moyen âge. » Il serait plus exact de dire que l'œuvre de Machiavel écrite en 1513 et publiée en 1532 fut l'expression parfaite d'une émancipation de vieilles contraintes morales. L'idéalisme chrétien du moyen âge avait déjà en grande partie disparu. Les anciennes bases de l'obligation avaient été balayées. Les hommes, pour leur sécurité, tournaient leurs regards vers l'état-nation bien plus que vers la solidarité de la chrétienté ; et l'état, comme le proclama l'évangile de Machiavel, consista dans le contrôle absolu et irresponsable exercé par un homme qui personnifierait son unité, sa force, son autorité.

Ainsi commença le monde moderne. Les conceptions de la loi romaine, surtout celles d'*imperium* et de *majestas* furent en partie ressuscitées pour le soutien des dynasties royales au cours de ces luttes avec les restes de la féodalité qui aboutirent au développement des monarchies nationales; mais elles avaient perdu leur caractère universel. La chrétienté elle-même cessa d'être œcuménique. Il survécut tout au plus une camaraderie traditionnelle et une sorte de fraternité entre rois qui ne fut virtuellement rien de plus qu'un simple code d'étiquette formelle.

Avec la dissolution de l'organisation féodale et l'ascension des monarchies nationales disparut ce sens de l'obligation mutuelle qui sous le régime féodal avait établi un lien moral entre les différents ordres de la société. Ce qui resta, ce fut la conception nue de la « souveraineté » considérée comme d'origine divine, prérogative de gouvernement personnel absolue, illimitée, indivisible, charte de sa dynastie pour poursuivre son œuvre d'agrandissement de prépondérance et de gloire sans égards pour aucune considération de race, de raison ou de religion.

Etant donnée une pareille conception de la nature de l'état, tout le système des relations internationales fut nécessairement basé sur la force militaire. Accidentellement, les coutumes, mais presque toujours l'expression du pouvoir supérieur ou d'une convenance temporaire, appuyée par des alliances passagères et des conventions imposées par la force, fournirent les seules règles qui furent généralement reconnues. Jusqu'au moment où Grotius invoqua le motif moral, où les traités de Westphalie reconnurent les droits *de jure* de la souveraineté territoriale, il n'y eut parmi les nations européennes pas le moindre semblant d'un droit public qu'une jurisprudence put reconnaître. Mais même après la paix de Westphalie, la soi-disant « loi des nations » consista tout au plus en une acceptation théorique de l'égalité des droits des souverains autonomes, chacun d'eux pouvant exercer pleinement sa volonté sans intervention aucune dans les limites de ses domaines propres. Elle laissa sans discussion à chaque souverain la prérogative d'imposer une religion à ses sujets, de les taxer, de les armer et de faire la guerre avec leurs forces unies pour son avantage particulier. En effet, la paix de Westphalie, en consacrant le caractère absolu de principautés minuscules, permit à plus de trois cent soixante souverains indépendants de se livrer librement au jeu sanguinaire de la guerre en vue du pillage ou de la conquête. Laissés tous libres de se détruire les uns les autres ils furent ainsi autorisés par le droit public à chercher fortune avec une entière autonomie par les moyens de la guerre et de la diplomatie. La souveraineté définie comme le « pouvoir suprême » indépendant de tout principe de droit fut conçue comme étant l'essence véritable de l'état. Il ne resta plus qu'à découvrir par le jeu de la force quel pouvoir était en réalité suprême.

Lorsque, au moment de son réveil moral, l'Europe de la dernière partie du xviii° siècle et du commencement du XIX°, commença à penser par elle-même — ou tout au moins à suivre la pensée de Locke, de Montesquieu, de Rousseau, de Kant et de tous ceux qui cherchèrent à trouver les véritables fondements de l'état dans la conception d'un droit basé sur la nature et les nécessités des hommes plutôt que sur le pouvoir dynastique — l'Europe se trouva sous le cauchemar de ce sinistre héritage.

Sans une convulsion violente qui ébranla toute l'Europe jusque dans ses fondations il était impossible de le rejeter. Dans le *Contrat social*, Rousseau avait simplement transféré l'idée de souveraineté du monarque au peuple sans altérer essentiellement son caractère. C'était encore le « pouvoir suprême », la chose « absolue, indivisible, perpétuelle », comme avait dit Jean Bodin cherchant à donner à la royauté un piédestal philosophique. Inhérent au peuple, c'était encore la personnification de tous les pouvoirs publics, et la *volonté générale* indépendante de ses qualités morales était pour chaque état séparé la source illimitée et irresponsable du droit.

Pas un seul instant pendant toute la période révolutionnaire la souveraineté ne cessa d'être considérée comme le pouvoir suprême illimité. Le funeste héritage de l'Europe demeura essentiellement inchangé. Monarchie et démocratie ont indistinctement considéré la souveraineté simplement comme le « pouvoir suprême », un pouvoir suprême « absolu, indivisible et perpétuel ». Et c'est ainsi qu'il se dresse dans les recueils du droit des nations. Autant de souverainetés, autant d'autocrates absolus. Uniques sources de la loi, comment seraient-ils soumis à la loi ? Comme il n'y a pas une seule loi qu'elles ne puissent mettre de côté, puisque toute loi n'est que leur création, les nations souveraines sont irresponsables et n'ont pas plus de rapport avec le droit moral ou le tort moral que tant d'animaux sauvages qui cherchent à satisfaire leurs appétits. Le droit de faire la guerre à volonté sans avoir à en répondre à personne, telle fut et telle est encore la doctrine acceptée de la vieille Europe et qui ne fit que s'affirmer de nouveau en 1914.

Ceci ne signifie pas que cette doctrine n'ait jamais été combattue. Il y a plus de trois cents ans un juriste aujourd'hui presque oublié, tout en reconnaissant la souveraineté comme le fondement de l'état, la définit comme un attribut, non du peuple en tant que masse inorganisée, mais d'un « corps politique » organisé pour l'avancement de la justice, tirant son autorité comme entité morale des droits de ses membres constituants qu'il est organisé pour protéger contre le tort et par conséquent investi de par sa nature intime de droits et d'obligations mutuelles.

Nous avons là le portrait non d'un autocrate irresponsable revêtu du pouvoir suprême, mais d'un membre responsable d'une famille de nations, préparé, pour s'unir aux autres membres de cette famille en étendant sur la terre entière le règne du droit et de la justice, mais par-dessus tout obligé par la nature intime et le but de son autorité de se conduire dans tous ses rapports, au dehors et au dedans, en accord complet avec les principes dont dérive son autorité en tant qu'organe de justice. Fondé sur ces droits innés des personnes, et existant pour leur protection, l'état ainsi conçu ne peut s'arroger aucun droit souverain de conquête, quelle que puisse être sa puissance. La seule autorité qu'il puisse invoquer est celle de défendre les droits et les intérêts ainsi confiés à sa garde. En tant qu'entité morale — et Althusius a enseigné qu'un état fondé sur des droits est nécessairement une entité morale — il doit être prêt à appliquer les principes de la justice et de l'équité dans ses rapports avec les autres états.

Ainsi comprise, la souveraineté n'est pas simplement un nom du pouvoir suprême. Elle est un droit inhérent à un groupe libre et indépendant d'êtres humains, possédant un territoire déterminé, de former et de maintenir un gouvernement. Réduite à ses termes les plus simples, elle est le droit d'une communauté libre de pourvoir à ses propres règlements et de maintenir son existence. Tout ce qui est nécessaire à cette fin et rien de plus est inclus dans cette conception de l'état. Ce n'est que d'une manière incidente qu'il appartient à la catégorie de la puissance. Dans ses attributs essentiels il appartient à la catégorie du droit.

Si cette conception de la souveraineté était généralement acceptée, la justice et l'équité ne s'arrêteraient pas à la frontière d'une nation. Le droit de guerre existerait, mais il ne serait pas, comme l'admet la vieille Europe, un droit virtuellement sans limite.

Dans cette conception il n'y a place ni pour des peuples assujettis d'une manière permanente, ni pour une domination du monde, ni pour des projets légaux de conquête. Guerre signifierait punition des délinquants à la loi des nations, suppression de l'anarchie et du brigandage, résistance aux ambitions du conquérant.

Mais la vieille Europe n'a jamais été disposée à donner ce sens à la souveraineté. C'était impossible tant qu'elle s'identifiait avec la légitimité royale. Ce principe triompha il y a cent ans au Congrès de Vienne qui lutta pour neutraliser les effets de la révolution française en mettant fin pour toujours à la souveraineté du peuple. Puis vint l'effort pour établir solidement l'Europe sur les principes d'absolutisme en écrasant toutes les aspirations constitutionnelles. Pour cet objet le droit de guerre illimité était indispensable, car sans intervention armée des souverains alliés la tâche était impossible. La Légitimité devait être partout soutenue par la Sainte Alliance. Partout où un état adoptait une constitution, les Puissances s'étaient engagées à la Conférence de Troppau « à ramener l'état coupable dans le sein de l'Alliance, par la force des armes si besoin en était ».

Ainsi parut écrit dans le droit public de l'Europe le droit illimité d'un état souverain de faire la guerre pour toute raison lui paraissant suffisante ou même sans raison du tout. Tel était l'héritage impie que même les démocraties modernes ont reçu de l'absolutisme. Ayant droit à toutes les prérogatives de la souveraineté comprise historiquement, elles n'ont pas répudié l'héritage. Et ainsi elles ont tacitement accepté le principe funeste des despotismes contre les iniquités desquels elles se sont révoltées et dont elles luttaient pour rejeter la pernicieuse influence.

Dans l'appel lancé pour la première Conférence de La Haye « toutes les questions ayant trait aux relations politiques des états » furent expressément exclues des délibérations de la Conférence. Dans cette première Conférence comme dans la seconde, des règles furent formulées sur la manière de conduire la guerre sur terre et sur mer, mais nulle part n'apparurent aucunes règles au sujet des causes et des conditions légales ou illégales, justes ou injustes de la déclaration de guerre. Une des plus hautes autorités sur la question dit :

« Théoriquement le droit international devrait déterminer les causes pour lesquelles la guerre peut être justement entreprise ; en d'autres termes, il devrait rechercher aussi clairement que la loi civile ce qui constitue un dommage pour lequel un remède peut être demandé à la loi. Il pourrait aussi raisonnablement décourager toute velléité de commettre un dommage en investissant de droits spéciaux tout état demandant réparation et en frappant l'auteur du dommage d'incapacités spéciales.

En fait, cependant, il ne fait rien de ce genre. La raison n'en est pas seulement l'absence de moyens, en dehors de la guerre elle-même, susceptibles d'assurer le respect de pareilles règles, moyens qui s'appliqueraient également aux règlements concernant la manière de conduire la guerre qui ont été explicitement formulés. La vraie raison, c'est qu'aucun état souverain ne s'est soucié de prendre l'engagement de n'entreprendre la guerre que dans des conditions qui, en harmonie avec ses propres principes de législation, seraient considérées comme justes. « Aussi, les deux partis dans chaque guerre sont considérés comme se trouvant dans une position identique et par conséquent possédant des droits égaux. » L'agresseur et sa victime, la force triomphante et l'innocence sans défense sont honorés d'une manière égale par le droit public de l'Europe dans l'état où il est maintenant, et ce droit a été tacitement accepté par toute la « famille des nations » !

C'est sur ce droit illimité de recourir à la guerre et sur l'irresponsabilité générale dans les relations internationales qui en est la conséquence, que repose l'idée de neutralité. Et cependant, la neutralité est, historiquement, un immense pas en avant dans la voie du progrès, si nous la comparons avec la doctrine de Machiavel qu'il ne faut négliger aucune occasion de profit se présentant à propos des querelles d'autrui. Dans chaque guerre, déclare Machiavel, un côté ou l'autre doit vaincre. La sagesse pour un prince intelligent est de se joindre au moment propice au vainqueur probable afin de pouvoir partager avec lui le butin de la victoire.

La doctrine moderne de la neutralité qui considère la guerre comme un mal que l'on peut éviter est sans doute une amélioration de la doctrine de Machiavel,

car au lieu d'élargir les possibilités de conflit elle vise
à les diminuer. Elle s'inspire surtout cependant de
cette considération que c'est le droit d'une nation
d'éviter la contamination d'un mal dont la puissance
neutre n'est ni cause ni responsable. Tant que les
belligérants auxquels est abandonné le privilège de
mutuelle destruction — souvent d'ailleurs avec des
moyens inégaux — ne lèsent pas trop les neutres par
leurs opérations, de grandes puissances peuvent être
justifiées de rester muettes et immobiles pendant que
des états faibles sont écrasés et que les lois de la
guerre qu'elles ont elles-mêmes aidé à établir sont
violées.

D'un point de vue purement moral cette attitude
peut paraître étrange de la part d'un membre de la
« famille des nations », mais il faut tenir compte
que c'est une famille d'une espèce particulière. Dans
cette famille, en effet, chaque membre est considéré par
consentement tacite remplir tout son devoir en veil-
lant à ses propres intérêts. Les gouvernements sont
dans chaque cas responsables envers leurs peuples de
la sécurité et du bien-être de la nation et ne peuvent
par conséquent agir avec toute la liberté d'une personne privée. Ils ne peuvent pas plonger soudain leur
peuple dans une guerre sans que les intérêts nationaux soient en jeu. Jusqu'à ce qu'il existe une meilleure organisation des relations internationales, cet
état de choses doit continuer ; mais on s'aperçoit vite
que si l'on veut éviter le naufrage de la civilisation,
on doit chercher à réaliser une organisation meilleure.

Avant d'essayer de trouver une base pour la revision des relations internationales il est nécessaire de considérer combien les intérêts nationaux sont étroitement associés à la guerre. Pendant longtemps tous les intérêts de l'état furent regardés comme les intérêts personnels du Souverain. Tous les territoires de l'état étaient ses territoires. Toute propriété de la nation était sa propriété dont ses sujets avaient seulement l'usufruit. Les personnes mêmes et leurs vies étaient à sa merci, étant à tous égards ses sujets.

Aujourd'hui, si l'identité du souverain se trouve changée, la conception de la souveraineté reste intacte. Le peuple, à la place du Souverain, revendique le droit à la succession de toutes les prérogatives royales. Les intérêts de la nation sont devenus ses intérêts et tout appel au patriotisme repose sur cette notion. Le pouvoir, le profit et la gloire de l'état lui sont représentés comme étant siens. Même là où elle n'a pas entièrement remplacé le monarque, la nation est convaincue qu'elle est devenue son associée et les peuples se considèrent comme des actionnaires dans la vaste entreprise d'expansion nationale. Même le mendiant de la rue est convaincu que ce pays est *son* pays, et bien qu'affamé et en haillons il est fier de son droit de propriété !

C'est donc le territoire, l'industrie, le commerce et le prestige de la nation qui sont maintenant en question. Le gouvernement, même celui du peuple, ne se borne plus à un rôle purement protecteur. Il entre dans toutes sortes d'affaires, possède des chemins de fer, des lignes de paquebots, des manufactures, est mêlé à tout ce qui touche à la vie et à la prospérité du peuple. L'état est devenu un organe de la société économique autant que politique. L'état moderne est en fait une corporation commerciale énorme et autonome, le trust le plus monstrueux et le plus dédaigneux de la loi. Visant au contrôle des marchés étrangers et des sources de matières premières partout où elles existent, il en arrive à considérer les autres nations comme des rivales. Et ces vastes entités économiques, les yeux fixés sur le gain, jouissent non seulement du commandement des armées et des flottes, d'une entière liberté qui ne se trouve limitée par aucune restriction légale, mais aussi d'une immense richesse concentrée telle que jamais les rois et les empereurs du passé n'en eurent à leur disposition.

Quels que puissent être, d'un point de vue interne et social, les mérites ou les défauts de l'extension des fonctions de l'état, ils sont littéralement hérissés de possibilités de guerre et lorsque des nations modernes la font, il ne s'agit plus d'une aventure dynastique, mais d'une guerre nationale. Disposant de la force et des ressources de tout un peuple et agissant soi-disant pour ses intérêts, ces grandes corporations économiques sont préparées pour l'agression aussi bien que pour la défense. S'ils étaient soumis aux lois qui régissent les règlements des intérêts privés dans leurs propres frontières, en conformité avec les principes qu'ils appliquent chez eux, ces champions cuirassés et armés du commerce ne seraient peut-être pas dangereux pour la paix du monde. Mais ils ne sont pas soumis à ces lois et ne se reconnaissent pas contraints de leur obéir. Héritiers par tradition des anciens droits revendiqués par la souveraineté absolue, pourvus de forces militaires sur terre et sur mer, ils s'engagent dans une lutte pour la suprématie qu'ils ne toléreraient pas un instant dans les limites de leur propre juridiction. Une organisation analogue viendrait-elle à se former dans leurs frontières, adoptant comme principes d'action les privilèges revendiqués par les états souverains, qu'elle serait, immédiatement considérée comme hors la loi et impitoyablement supprimée.

Ceci ne s'applique à aucune nation en particulier, toutes étant plus ou moins responsables. Ce qui est condamné ici comme essentiellement antisocial et anarchique, c'est l'indifférence de ces grandes corporations économiques nationales pour leurs droits réciproques et surtout l'absence dans la loi des nations comme elle est aujourd'hui conçue, de règles acceptées pareilles à celles dont le respect est imposé par l'autorité de ces mêmes états aux moindres des éléments qui constituent le monde des affaires.

Si la civilisation doit durer, si les nations ne sont pas destinées à devenir des brigands privilégiés sur terre et des pirates sur mer, cette partie de la loi des nations doit être revisée non seulement en ce qui concerne les règles de la guerre, mais aussi en ce qui concerne celles de la paix.

Autant qu'une nation est une entité commerciale,

elle devrait être régie dans ses rapports avec les autres nations par les mêmes principes que les états civilisés appliquent aux affaires dans leurs propres frontières. Mais le droit international n'a pas encore atteint ce degré de complet développement où cela doit être reconnu. Il est encore sous l'influence des coutumes héritées du passé, de la fiction funeste d'une prérogative souveraine absolue. La chrétienté se trouva impuissante par son organisation à contenir les Huns et les Tartares. De même nous découvrons aujourd'hui que la civilisation n'est pas encore parvenue à une organisation suffisante pour contenir leurs modernes successeurs. Tant que les affaires internationales seront régies par une conception absolue de la souveraineté et soutenues par la force militaire, il n'y aura aucune perspective de paix ou d'équité sur la terre.

N'entreprenons pas de parler ici de remèdes, mais comprenons d'abord la nature de la situation. Nous n'essaierons pas davantage de dispenser le blâme, ce qui ne conduirait qu'à une amère controverse. Si le mal gît dans le système, c'est donc qu'il faut changer le système. Il sera toujours temps de chercher comment il faut le changer et de prononcer des condamnations d'espèces quand nous connaîtrons la nature du changement nécessaire et quand nous saurons qui pourrait refuser de contribuer à l'effectuer.

Il n'y a aucun doute que nous avons tous chéri des illusions. Essayons donc de les dissiper.

Nous avons admis que, d'une manière plus ou moins mystérieuse, le progrès est inhérent à la société; qu'il est nécessairement produit par des lois naturelles ; que la simple durée du temps suffit à nous mener à la perfection ; enfin, que plus la civilisation vieillit plus elle tend vers la sagesse. Confiant dans ces généralités dépourvues de bases, nous avons oublié dans notre optimisme que nous avons des devoirs à remplir, des renonciations à consentir, des sacrifices à offrir si l'état ou la soi-disant société des états est appelée à prospérer. Nous avons pris l'habitude de considérer l'état comme une source de profits personnels qui ne nous demande en retour qu'une contribution minime. Nous lui avons demandé des choses exhorbitantes comme des enfants indisciplinés en extorquent aux parents trop faibles. Nous avons voulu de meilleurs salaires, de meilleurs prix pour nos marchandises, plus de facilités commerciales, de meilleures conditions d'existence, des écoles, des livres gratuits, des terrains de jeux, enfin des mesures publiques de toute espèce aux frais de l'état. Afin d'obtenir ces profits, on a voulu que l'état devînt omnipotent, qu'il cherchât à augmenter ses ressources en dépouillant les riches au dedans et en exploitant ou même en conquérant des territoires étrangers arrachés à d'autres peuples. On pensait qu'il lui serait ainsi plus facile de satisfaire ses désirs et que son pouvoir accru ferait de lui le dispensateur du bonheur. Lorsque, pour réaliser cet objet des armées et des flottes ont été nécessaires il fut presque toujours facile de les obtenir, car l'état, pouvoir souverain, ne peut-il pas faire tout ce qui est nécessaire à ses propres intérêts ? Les consciences furent ainsi calmées.

Cette tendance des états modernes et la révélation soudaine de sa signification ont été récemment exprimées avec force par un écrivain :

« Encore quelques importunités, encore quelques menaces et un système que nous attendions allait enfin apparaître qui nous rendrait tous heureux malgré nous. C'est alors qu'un beau matin, au mois d'août, nous eûmes un rude réveil. Nous reçûmes de l'état un message conçu dans un langage que nous n'avions encore jamais entendu. « Je vous requiers », disait l'état, « de mettre vos biens et vos existences à mon service. Maintenant, et pour un certain temps à l'avenir, je ne donne rien et je demande tout. Armez-vous pour ma défense. Donnez-moi vos fils. Que votre volonté soit qu'ils meurent pour moi. Rendez-moi ce que vous me devez. *Mon* tour est « venu ».

C'est ainsi que l'Europe est maintenant sommée d'acquitter la dette que sa théorie de l'état et de la toute-puissance de l'état lui a méritée.

Nous avons aussi mis une confiance aveugle dans le développement de l'évolution sociale. L'industrialisme et le commerce, avons-nous cru, amèneront une ère nouvelle, devant laquelle le militarisme, relique hideuse des vieux régimes disparaîtra. Bientôt, il ne sera plus nécessaire de se battre. Lorsque le monde entier s'adonnera à l'industrie, comme il est en train de le faire, les guerres cesseront. Le commerce sera le ciment qui unira les nations en créant une solidarité parfaite des intérêts.

Mais la guerre actuelle a jeté une lumière nouvelle sur les relations du militarisme et de l'industrie. Il y a quarante ans, Herbert Spencer, avec son penchant si prononcé pour les généralisations brillantes s'imagina que l'ère du militarisme serait bientôt remplacée par l'âge de l'industrialisme universel. Il décrivit leurs formes de gouvernement opposées, les conditions de la transition progressive et le triomphe final de l'industrie sur l'état de guerre. Mais que voyons-nous maintenant? Le militarisme a-t-il diminué avec le développement de l'industrie? N'est-il pas simplement devenu plus titanique et plus démoniaque avec l'aide même de cette industrie, à un tel point que la guerre s'est avérée le problème le plus prodigieux du machinisme moderne?

Ne voyons-nous pas maintenant le militarisme absorber entièrement l'industrie, monopoliser toutes ses ressources, l'organiser et la commander?

Et pourquoi cela? Parce que l'état en tant que corporation commerciale emploie la force militaire comme agent d'avant-garde, luttant pour la maîtrise des marchés et des sources de matières premières, ainsi que pour la domination des peuples nouveaux qui doivent alimenter et faire mouvoir l'horrible machinerie de la guerre.

Cette condition du monde est la conséquence logique de la théorie héritée de l'état. On commence maintenant à reconnaître ce fait et l'on a beaucoup parlé récemment de l'impérialisme et de la démocratie; on a même affirmé que la simple et seule *forme* interne du gouvernement est responsable de la situation internationale de l'Europe. Mais ce n'est pas la forme, c'est l'esprit, ce sont surtout les postulats du gouvernement qui sont fautifs. Si les démocraties peuvent agir selon leur « bon plaisir », si le simple pouvoir des majorités doit gouverner sans contrainte, s'il n'y a pas de principes d'action suprêmes et sacrés, en quoi une souveraineté multiple es-telle supérieure à une autocratie personnelle ? Si les convoitises particulières d'un peuple sont soutenues par les prétentions de l'absolutisme dans les affaires internationales, la démocratie elle-même devient impériale sans même accepter les principes d'équité qui ont parfois conféré une certaine dignité à l'idée impériale. En vérité, l'ennemi le plus dangereux de la paix et de la justice que l'on puisse concevoir serait un groupe de démocraties rivales, folles de désirs inassouvis.

S'il doit y avoir une Europe nouvelle, ce sont moins de nouvelles formes d'organisation qu'un nouveau principe d'action qu'elle doit rechercher. Elle doit renoncer complètement à son funeste héritage. Elle doit reconstruire sa théorie de l'état en tant qu'entité autonome absolue. Si l'état continue à être une corporation d'affaires, comme ce sera probablement, en un certain sens, le cas, il doit alors abandonner la conception de la souveraineté en tant que droit illimité d'agir à sa guise sous prétexte d'intérêts nationaux et de nécessité. Il doit consentir à être régi par des principes moraux. Il ne doit pas demander quelque chose pour rien, il ne doit pas faire de son pouvoir la mesure de son action, il ne doit pas placer ses intérêts au-dessus de ses obligations. Ses intérêts, il peut les défendre, certes, les discuter, il peut profiter des avantages de sa situation commerciale pour les faire justement triompher ; mais il ne peut pas menacer la vie ou s'emparer des biens de ses voisins, ou leur imposer par la force ses conditions. Il peut offrir ses produits, proclamer leur excellence, fixer son prix, acheter et vendre partout où il y trouve son avantage ; mais il ne peut pas placer une mitrailleuse au milieu de la rue comme moyen de persuader son concurrent.

Personne ne peut se livrer à une enquête impartiale et approfondie sur les causes du conflit européen actuel sans voir que leurs racines sont profondément enfoncées dans le terrain de la rivalité commerciale. Sous les antagonismes politiques apparents se trouvent les aspirations économiques qui les ont produits. A la lumière de l'histoire nous ne pouvons plus accepter la doctrine que l'industrialisme et le commercialisme remplaceront automatiquement le militarisme par le simple jeu du développement naturel de l'évolution. Au contraire, nous voyons que le militarisme d'un côté, l'industrie et le commerce de l'autre, sont maintenant associés plutôt qu'antagonistes. Ce sont des modes d'activité différents, mais étroitement unis, de la politique moderne d'affaires comme elle est conduite par l'état. S'il n'y avait pas de problèmes économiques en jeu, le conflit des nationalités prendrait bientôt fin. Les guerres modernes furent à l'origine des guerres économiques. Les armées et les flottes modernes ne sont pas maintenues dans le simple but de tuer impitoyablement ou de couvrir les gouvernements de gloire. Elles sont d'abord des gardiens armés des avantages économiques déjà acquis. Elles sont aussi des agents d'exécution de futures déprédations, organisés progressivement pour des fins soi-disant innocentes et, le moment favorable venu, expédiés en toute hâte pour accomplir l'agression.

Les malentendus internationaux sont promptement dissipés quand il existe une volonté d'arriver à un arrangement. Mais il n'y a aucune défense possible en dehors de la résistance armée contre toute politique délibérément dirigée vers l'expansion du commerce national par la mainmise sur de nouveaux territoires, l'accroissement de la population, les indemnités de guerre, l'établissement de stations de charbon, les monopoles commerciaux, la maîtrise des marchés et des sources de matières premières, la conquête de privilèges avantageux au moyen de conventions arrachées par la force.

Nous devons donc abandonner définitivement la thèse que l'industrialisme est essentiellement pacifique et doit un jour dissoudre autocratiquement les armées et les flottes et mettre fin à la guerre. Au contraire, les armées et les flottes modernes sont le résultat de la concurrence commerciale et leur existence se trouve justifiée aux yeux de ceux qui soutiennent qu'il y a des intérêts nationaux à défendre ou des avantages à conquérir.

Aussi longtemps qu'une seule grande nation conservera son néfaste héritage et persistera à employer ses armées et ses flottes agressivement comme facteur actif de son commerce national ; aussi longtemps que les nations achèteront, vendront, échangeront, négocieront avec l'appui des baïonnettes, des armées et des flottes défensives seront nécessaires et la bataille pour la civilisation devra continuer.

Si étrange que cela puisse paraître, ce ne sont pas les nations les plus pauvres, mais au contraire les plus riches dans lesquelles le mécontentement est le plus profond et le plus répandu. Ce sont les grandes puissances qui sont les plus portées à la guerre, les mieux préparées à la faire. La raison n'en est pas difficile à discerner. Plus un état est grand, plus vastes sont ses ambitions. Il serait facile à cinq ou six grandes puissances d'assurer la paix permanente du monde et, ce qui est plus important, de garantir le respect de justes lois par toutes les nations. Mais malheureusement, les gouvernements se croyant contraints eux-mêmes d'augmenter les ressources de l'état ne trouvent la limite de leurs ambitions que dans leur puissance d'action qui est grande.

Autrefois, tout l'avenir du monde s'est virtuellement trouvé dans les mains d'un petit nombre d'hommes qui ne furent pas tous des monarques, mais des chefs acceptés de la pensée et de l'activité publiques dans leurs pays respectifs.

Un pareil état de choses est probablement appelé à se reproduire à l'avenir de moins en moins. Bien moins fréquemment qu'autrefois il appartiendra à des individualités de fixer les destinées des nations. Et c'est pour la nouvelle Europe un augure important. Quelques hommes seulement et dans un temps limité ont conçu et dirigé la politique qui a, par exemple, créé l'empire britannique. Comme dit l'historien Seely : « Nous avons conquis la moitié du monde dans une crise de distraction. » Et le peuple britannique ne fut jamais consulté, pas plus que le peuple allemand dans les deux moments critiques de son existence. D'ailleurs, dans le passé, les peuples furent très rarement consultés au sujet des destinées nationales. Mais ce temps est passé pour toujours. Dorénavant, aucun peuple intelligent ne sera conduit aux boucheries d'une guerre agressive sans être consulté. C'est la première différence qui distinguera la nouvelle Europe de l'ancienne. Une fois consultés, ne demanderont-ils pas avec une véhémence croissante pourquoi les nations ne peuvent pas conduire leur affaires comme l'état exige généralement que les affaire privées soient conduites, d'après des règles raisonnables de procédure ? Bien des réponses négatives seront sans doute données, car les gouvernements sont attachés à leurs traditions. Mais il y aura cependant une revision générale de la conception héritée de la nature de l'état et une compréhension du fait que la domination du monde n'est la prérogative d'aucune nation. Les états, comme les individus, doivent admettre leurs responsabilités réciproques, se soumettre à l'obligation d'obéir à des lois justes et égales pour tous et prendre leur place respective dans la société des états dans un esprit de loyauté envers la civilisation considérée comme un idéal humain et non exclusivement national.

CHAPITRE II

IDÉALS INTERNATIONAUX

Nécessité d'une organisation internationale. — La conception
kantienne de l'Etat. — La conception hégélienne de l'absolutisme. — Le droit international existe.

Malgré, ou pour mieux dire à cause de ce néfaste
héritage de la conception absolue de l'état et des relations entre états, les hommes de pensée réfléchie ont
consacré leur attention aux idées qui devront prévaloir
lorsque au cours de l'évolution progressive ou à un
moment critique de rajustement social l'occasion d'une
amélioration peut se présenter.

Au seuil de ce problème cependant se dresse une
question préalable : jusqu'à quel point la pensée et le
dessein de l'homme peuvent-ils affecter des fins aussi
vastes que l'organisation sociale, politique et internationale ? Si nous en jugeons par le passé, nous serons
peut-être amenés à conclure que les théories pures ont,
somme toute, une influence presque nulle sur l'action
globale de l'humanité et que cette action est presque
universellement déterminée par les instincts aveugles
et les appétits irrésistibles des hommes plutôt que par
la raison. Il en résulte qu'il est inutile d'attendre que

quoi que ce soit d'important au point de vue national se produise simplement parce que cela est raisonnable ou que les affaires internationales cessent d'être plus déraisonnables qu'elles l'ont été dans le passé.

S'il ne se produisait pas des changements importants dans les unités humaines qui forment les populations de ce que nous appelons les nations civilisées du monde, cette perspective sans espoir pourrait être justifiée. Mais, en fait, un changement radical s'est produit dans les dernières décades. Ce changement consiste en une conscience commune toujours plus élargie en ce qui concerne les affaires nationales et internationales. Les événements importants du monde, présentés partout aux masses en termes généralement intelligibles, jusque dans chacun des foyers innombrables de l'humanité, ont éveillé comme elle ne l'avait jamais été jusqu'ici l'intelligence de l'homme. Dans les plus humbles régions de la vie les hommes discutent maintenant de difficiles questions de jurisprudence et de diplomatie à la lumière d'événements sensationnels d'une portée mondiale et ils se demandent entre eux : Que va devenir la civilisation ? Périra-t-elle dans le conflit des intérêts nationaux ou entrera-t-elle dans une ère nouvelle de développement ?

Justice, paix, coopération, culture, semblent mises en danger par les antagonismes nationaux. Ce sont cependant des aspirations que toutes les nations font profession d'entretenir. Comment les réaliser ? Par une organisation intelligente, sans doute, mais d'une nature plus profonde et sur une plus large échelle qu'on ne l'a jamais tenté jusqu'à présent. Et cette organisation ne pourra pas s'arrêter aux frontières nationales ; elle devra comprendre la famille entière des hommes.

Le caractère tragique du conflit mondial actuel a fortement stimulé la pensée dans cette direction, mais aucun plan d'organisation internationale n'a cependant été proposé qui ait rencontré une approbation universelle par son caractère apparemment pratique. Il est facile d'esquisser une constitution internationale basée sur le principe de la fédération. Mais tous les projets de ce genre, dès qu'il s'agit de les appliquer, se heurtent aux prétentions de la souveraineté absolue et au parti pris des gouvernements de ne rien céder de leurs prérogatives.

Avant qu'il y ait aucun progrès réel dans la réalisation de l'harmonie des intérêts nationaux, il sera nécessaire de réexaminer à la lumière du savoir et de l'expérience modernes la nature véritable de l'état, et, par une mise au point des opinions à ce sujet, préparer la voie à un changement dans l'attitude des nations les unes envers les autres.

Le moment présent paraît singulièrement propice à une réflexion de ce genre, car dans le drame sanglant qui se déroule sous nos yeux nous assistons en fait à la démonstration de l'impossibilité absolue de réaliser aucun des idéals internationaux si les nations, devenues des corporations économiques, doivent lutter les unes contre les autres pour la possession de la terre en partant de cette supposition qu'un pouvoir militaire supérieur est la source de l'autorité légitime.

Si cette idée n'est qu'un legs historique parvenu jusqu'à nous à travers l'acceptation tacite de prétentions dépourvues de fondement, nous pouvons très bien l'abandonner comme un symbole d'un âge révolu de l'évolution sociale. Mais le cas est plus complexe. Nous constatons, en effet, que tous les idéals internationaux sont ouvertement récusés et répudiés. On nous dit que, correctement conçu, l'état est incapable de compromis ; que c'est un véhicule de l'autorité et de la culture qui ne peut pas, même le voulût-il, refuser d'exécuter sa mission élevée d'expansion et de transformation.

La vérité est que ce différend entre les théories opposées de l'état n'est pas encore vidé. Quelle est la fin de l'état ? Existe-t-il pour l'individu, comme le soutient la démocratie, ou au contraire l'individu existe-t-il pour l'état, comme l'affirme l'absolutisme ?

Sous l'objet apparent des questions internationales gît un problème philosophique sur la solution duquel on est loin d'être d'accord.

Philosophiquement les types de conceptions opposées sur la nature de l'état ne peuvent être mieux illustrées que par la comparaison des théories de Kant et de Hegel, la première célébrant la liberté, le développement et la responsabilité de l'individu, la seconde le pouvoir, la gloire et la divinité de l'état (1).

A la fin du xviiie siècle l'idée du droit de propriété dynastique s'éclipsait déjà. Le mouvement révolutionnaire commencé en Amérique, continué en France et en Europe exigeait une reconstruction de l'idée de gouvernement. Les prétentions de l'absolutisme royal furent alors attaquées comme elles ne l'avaient encore jamais été. Puis suivit un effort de reconstruction et plus que tout autre penseur de cette génération, Emmanuel Kant essaya de montrer qu'il existe un fondement philosophique véritable de l'existence et de l'autorité de l'état considéré comme une institution humaine.

C'est Kant qui marque le mieux la transition vers la pensée moderne proprement dite, non seulement parce qu'il vécut dans la période de révolte contre l'absolutisme, mais à cause de la place qu'il assigne à l'homme comme facteur de l'histoire. Dans son esprit, le grand besoin de l'homme est la liberté. Toutes les forces de l'humanité sont encloses dans les possibilités de l'individu. Le grand problème de la société est de favoriser la libre activité des facultés humaines. Personne avant lui n'avait si pleinement réalisé la dignité inhérente à la personnalité, ou poussé si fortement à la dégager du mécanisme du

---

(1) J'ai choisi Kant et Hegel comme champions respectifs des droits de l'homme et des droits de l'état, afin de montrer que même dans la philosophie allemande la pensée la plus profonde et la plus rigoureuse fonde l'autorité des pouvoirs publics sur les droits de la personnalité et non sur le dogme de la prérogative divine.

développement dynamique. L'autorité qui doit gouverner les personnes, pense-t-il, ne doit pas venir du dehors, c'est-à-dire de la nature ou de l'état. La raison de l'état doit être trouvée dans la nature de l'homme en tant qu'être libre, doué de raison et responsable. La personnalité n'est pas un moyen. Elle est une fin en elle-même et ne doit par conséquent pas être traitée comme une simple chose ou réduite à la condition de créature, d'instrument ou de victime de la force arbitraire.

Le gouvernement doit être organisé pour le service humain, non pour le service d'une classe au détriment d'une autre classe, mais pour celui de la société dans son ensemble. Il doit sans doute être territorial et par conséquent circonscrit, dans sa juridiction ; c'est-à-dire qu'il peut y avoir, qu'il doit y avoir en fait plusieurs gouvernements, mais ayant tous le même objet. L'état dans son sens propre est une structure d'ordre moral, création de la raison consciente, ayant pour fin l'édification d'un soutien externe des droits humains, une défense du dehors d'un principe intérieur. Il doit être soigneusement distingué de la société qui est un phénomène naturel. Dans sa perfection, l'état serait l'harmonie extérieure des activités résultant de la liberté personnelle.

Le rôle du gouvernement doit donc être d'écarter les obstacles à la liberté qui sont l'amour du pouvoir, de la gloire et du lucre, tous motifs engendrés par les instincts naturels que l'homme partage avec les animaux.

Une telle conception semble à première vue non seulement cosmopolite, mais antinationale. Cosmopolite, elle l'est certainement et contient la possibilité d'une réalisation ultérieure de l'idée d'une véritable société d'états. Mais elle n'est pas antinationale dans le sens de négation de la valeur et de la nécessité de la nation. Son objet est l'extension de l'ordre local jusqu'à un point où il devienne l'ordre général en concevant l'état de manière à permettre sa coopération avec les autres états, soit par fédération ou par tout autre moyen de corrélation afin d'assurer l'harmonie universelle et par conséquent la paix permanente.

Mais, pour atteindre ce résultat Kant soutient que la « sainte et inviolable loi de la raison » doit triompher des impulsions naturelles de l'homme non par la force militaire — car liberté et violence sont incompatibles — mais par une évolution graduelle de l'humanité au moyen de l'action de l'intelligence rationnelle.

Voilà donc, sans aucun doute, une conception de l'état qui rend possible l'internationalisme sans détruire le nationalisme. Mais nous ne trouvons dans Kant que le commencement d'une philosophie politique complète, pour cette raison qu'il n'avait vu nulle part mise effectivement en pratique son idée de la personnalité considérée comme base de l'organisation politique. Il n'avait pas assisté au développement du constitutionalisme. Il avait vu cependant que c'était sur les droits inhérents à l'individu que l'état devrait être fondé si le dispotisme devait être un jour aboli. Mais il s'était rendu compte aussi de cette vérité plus profonde que des droits sans obligations ne sauraient subsister : c'est pourquoi il fit du devoir la pierre angulaire de l'édifice — devoir envers l'état et devoir envers tout le genre humain.

Pendant que la conception kantienne de l'état faisait son chemin partout dans le monde, sa patrie fut en proie à l'invasion, subjugée par la conquête, et le nouvel impérialisme napoléonien courba toute l'Europe continentale sous sa domination. Fichte appliqua la conception kantienne du devoir aux destinées malheureuses de l'état prussien, car une solide doctrine nationaliste était devenue la nécessité de l'heure. Mais ce fut Hegel qui, déterminé après la libération à tout systématiser fit de l'état le sanctuaire intime de l'absolu.

Au cosmopolitanisme de Kant fut substitué une théorie de l'état qui le proclama un organe d'action divine, identifia le patriotisme avec la religion et rendit les nationalités séparées aussi distantes pour des fins d'entente rationnelle que les planètes du système solaire.

Pour Hegel l'individu n'est rien en lui-même. Tout ce qu'il contient de personnalité morale est l'œuvre de l'état. Il est vrai que dans ses écrits Hegel commence par l'examen de la conscience personnelle considérée comme fait fondamental à la manière de Kant. Mais dans le développement complet de sa philosophie, après s'être donné la tâche de glorifier l'état, il fait de lui l'unique véhicule au moyen duquel l'absolu atteint l'humanité. Par état, d'ailleurs, il entend toujours l'état prussien — l'état prussien comme l'a fait remarquer Haym, tel qu'il existait en 1821, au moment où Hegel écrivait.

Mais c'était là un corollaire nécessaire de la conception hégélienne de l'histoire en tant que raison immanente. Il était oiseux, pensait-il, de parler de ce que l'état « devait être ». Incarnation de l'absolu, il est ce qu'il est et ne peut être autrement qu'il n'est. Il a raison en tout ce qu'il fait. Tous changements sont des actes divins. L'individu doit recevoir ses ordres de l'état parce que, seul, il a le droit de commander. L'état étant une personnification de l'absolu, il est fou d'essayer de faire des constitutions comme si nous avions un droit quelconque de choisir. Les parlements ne sont que des corps médiateurs qui doivent recevoir toutes leurs directions du maître permanent afin d'enseigner aux masses comment elles doivent exécuter ces ordres. L'état est un organisme dans lequel chaque partie constituante est assujettie à la volonté du tout. Mais comme cette unité ne saurait être trouvée dans la société en tant que tout, on doit la chercher dans la volonté d'une personnalité dominante, le monarque, par lequel parle l'absolu. Ainsi le philosophe finit en flagorneur, couronnant son système par le dogme du droit divin et finissant par la plate adulation d'un roi notoirement nul et réactionnaire.

Evidemment, si tous les états sont comme ceci — j'entends par ceci une théorie de l'état dans l'abstrait — il ne peut y avoir aucune limitation quant aux fins du monarque. Il est absolu et tous les états sont absolus. En l'absence de loi autre que leur volonté il n'y a aucune place pour une chose telle que le droit international. Comme l'omnipotence de l'état comprend le droit illimité de faire la guerre selon la volonté du souverain, il ne saurait exister de paix permanente. Une pareille condition est un « rêve vide ». C'est par la guerre que l'absolu poursuit l'œuvre de l'histoire.

Après avoir été quelque temps sous le charme de la spéculation hégélienne, les philosophes, il y a quelques décades, abandonnèrent presque unanimement l'absolutisme et poussèrent le cri : « Revenons à Kant ! » Dans la philosophie de l'état cependant, Hegel exerce encore une influence, en Allemagne. La peinture de l'état, pouvoir dominant subsistant par lui-même sert bien les desseins de l'ambition impériale. Religion, guerre et projets de domination paraissent mis d'accord par l'affirmation que l'individu existe pour l'état et que l'état n'est pas fondé sur les droits de l'individu.

Depuis lors nous assistons à une lutte entre ces deux conceptions opposées et de l'issue de ce conflit dépendra l'avenir des relations internationales dans le monde. Si, comme l'affirme la théorie de Kant, la loi est une formule de justice et d'équité résultant d'un consensus de besoins sociaux interprétés à la lumière de la raison dont l'état est une expression, alors il y a une loi pour les états aussi bien que pour les individus.

Si, au contraire, la loi est le décret souverain, émanant d'une volonté dominante ne faisant cas d'aucune limitation, il ne saurait y avoir, dans cette alternative, de loi pour les états jusqu'à ce qu'une volonté supérieure ait été établie au-dessus d'eux.

Les deux idées ont été appliquées dans le développement des états modernes. Quelques-uns ont suivi la théorie absolutiste même dans leur organisation intérieure. Dans ces états l'autorité sans restriction émane d'un supérieur, d'un maître ou d'une classe gouvernante. Dans les autres l'autorité tire son origine des membres constituants de l'état sous des formes définies de limitation dans lesquelles des freins contre les prétentions de la souveraineté absolue sont incorporés dans la structure même du gouvernement. Il n'y a que ces derniers états qui soient véritablement constitutionnels. Ils sont par leur nature intime des créations de la loi. Ils reconnaissent le fait que toute autorité légitime, quelle qu'elle soit, existant dans le monde, dérive de droits à la justice antérieurs à toute législation et inhérents à la personnalité. Une fois toutes les ressources de la sophistique épuisées pour essayer de faire dériver les droits du pouvoir — c'est-à-dire de prouver que la force est le droit — nous sommes obligés de revenir à Kant et d'admettre que la personnalité humaine est, comme telle, une source de droits à la justice et à l'équité. Sinon, nous devons confesser que le juste et l'injuste ne sont que des distinctions purement imaginaires et que la science du droit n'est qu'un système d'idées purement machinales.

On a dit que tous les hommes peuvent avoir des « intérêts », mais qu'aucun n'a de « droits » jusqu'à ce que le gouvernement les lui ait accordés par un acte de législation. Dans un certain sens purement technique cela peut être exact, mais dans un sens largement humain ce n'est pas vrai. Si c'était vrai il serait absurde de combattre pour les droits d'un autre homme. Mais tout le progrès que le monde a accompli, tout ce qui distingue la civilisation de la barbarie, jaillit du sens du devoir de quelqu'un, c'est-à-dire simplement de la reconnaissance par un homme des droits d'un autre homme. Et ceci est aussi vrai qu'on le nie ou qu'on l'admette.

Certainement ces droits inhérents n'appartiennent pas à des êtres humains dans un état isolé et non-social, car des hommes n'ont jamais existé dans un état non-social. Tous les hommes sont membres d'une série et membres d'un groupe et c'est dans ces relations qu'ils reconnaissent leurs droits à la justice et à l'équité, droits qui ne varient pas, qu'ils soient reconnus ou non.

Ainsi l'idée de loi est une partie du bagage mental de chaque être capable de réflexion. Dire comme Hegel — ou comme Austin et tous les juristes positivistes — qu'il n'y a et ne peut y avoir de loi internationale parce qu'il n'y a pas de souverain international pour la décréter, c'est définir la loi simplement par un accident et non par sa nature essentielle, c'est-à-dire par ce fait que les lois ont quelquefois été publiées, mais certainement pas d'une manière générale sous forme de décrets souverains.

Il est singulier de voir cette idée traîner encore. Un disciple moderne de Hegel, par exemple, raisonne ainsi :

« Tout le droit international repose sur ce principe que les traités doivent être observés. Mais derrière cela il y a le fait net des Puissances individuellement séparées et chacune absolue dans son domaine limité. De sorte que, au fond, toute l'élaboration des règles et des coutumes internationales n'est en somme qu'un accord de volontés séparées et non l'expression d'une seule et unique volonté générale. »

Et il aperçoit là une raison pourquoi les ligues et les fédérations ne sauraient posséder la qualité législative, oubliant ce fait que dans tous les états constitutionnels modernes chacune des lois de chaque corps législatif n'est que le résultat d'un accord de volontés séparées exprimées par les votes des législateurs. Mais si les volontés séparées d'un congrès ou d'un parlement peuvent formuler une loi, pourquoi des états séparés et indépendants ne pourraient-ils eux aussi formuler une loi pour la direction de leur propre conduite ? Et s'étant engagés à observer cette loi — loi, dans son sens le plus parfait — ne seront-ils pas liés par elle ?

Il y a, il faut l'admettre, une distinction ineffaçable entre la nature d'un état, même d'un état constitutionnel et celle d'un être humain. L'état est le gardien des droits et des intérêts privés. Il agit pour ses commettants comme un dépositaire. Il est comme une « arche de sauvetage » à laquelle les communautés humaines ont confié la garde de leurs vies et de leurs trésors sur les eaux troublées d'un monde inconnu. « C'est le véhicule qui porte toute la valeur de la vie dans un monde de forces hostiles. Dans le monde le droit ne peut triompher que par la force. » C'est pourquoi l'état doit être fort. Pour être fort il doit être armé, tandis que l'individu placé sous la protection de l'état n'a pas besoin d'être armé. Sinon comment pourrait-il accomplir son devoir sacré ?

Tout ceci est vrai et d'une importance capitale ; mais ce raisonnement, tout en justifiant la possession de la force par l'état, montre clairement que cette force n'est pas une fin en elle-même, mais simplement un moyen, un instrument pour la protection des droits et des intérêts confiés à sa garde. La fin de l'état n'est donc pas l'agression, le profit ou le pouvoir, mais la justice. La raison majeure de l'existence d'un gouvernement est que chaque citoyen devra être protégé dans ses droits. C'est ce qui distingue l'état des autres formes d'associations humaines. Sa fonction est principalement protective. C'est sur ce fondement que reposent toutes ses prérogatives spéciales et particulières. La raison de son autorité est limitée par la raison de son existence. La société a des fonctions multiples, mais elles peuvent être normalement abandonnées à l'entreprise individuelle ou collective, dans l'état, qui peut être sans elles un « corps politique » complet et parfait. D'un autre côté, ces fonctions peuvent être en partie, même sur une grande échelle, retenues et accomplies par l'état, mais elles ne sont pas nécessaires à son existence. Elles modifient toutefois son caractère. Lorsque l'état, en plus de sa fonction protectrice assume celles de l'industrie, des transports et du commerce, comme le fait quelquefois l'état moderne il subit une transformation radicale. En lui se manifeste alors une corporation commerciale, un rival et un concurrent dans le monde des affaires.

Mais ce qu'il est très important de considérer, c'est que tandis que cette extension de ses fonctions altère profondément le caractère de l'état elle ne lui confère aucune autorité nouvelle. Elle multiplie et étend ses intérêts, mais elle ne rend en aucune manière l'état absolu et ne l'investit d'un droit illimité de commander. L'exercice d'un simple négoce ne saurait être regardé comme source de souveraineté absolue. '

Par conséquent, pour des états constitutionnels, c'est-à-dire pour des gouvernements fondés sur la protection des droits de l'homme et non sur un droit supra-humain à l'autorité — comme le droit divin du monarque — il n'existe aucun fondement logique pour la revendication de droits souverains dans le sens absolutiste. Ces états sont libres et indépendants, mais ils ne représentent pas la volonté de puissance. Ils représentent et personnifient la volonté de justice et les principes de justice constituent, *ipso facto* la loi de leur action. Pour eux, tout ce qui viole la justice est synonyme d'usurpation. Ils peuvent commettre des actes d'injustice, les expliquer, les excuser; mais ils ne sauraient logiquement les justifier. En tant qu'organe de justice l'état excède ses prérogatives lorsqu'il est injuste.

Ceci implique sans le moindre doute que le droit international existe par lui-même. Pour les états constitutionnels il existe en dehors des coutumes et des conventions et serait certainement leur loi, si coutumes et conventions n'avaient jamais existé, car ses principes sont conformes à leur fin propre et à leur structure.

Méconnaître ces principes dans leur conduite équivaudrait pour eux à se dénaturer eux-mêmes.

Ecrit ou non écrit le droit international est accepté par tous les états constitutionnels comme les liant. Par certains, comme les Etats-Unis, il est expressément déclaré faire partie du droit du pays. Son acceptation devrait être la condition de la reconnaissance d'un gouvernement, car une communauté d'hommes qui n'admet pas son existence ne saurait constituer un état dans aucun sens admissible. Elle peut être un agrégat *de facto* de forces, mais en tant que pure personnification de la volonté de pouvoir et non de la volonté de justice elle choit au-dessous de la notion d'état et ne constitue qu'une bande de pillards et d'outlans qui mérite la proscription et doit se voir refuser une place dans la société des états.

En pratique, les règles d'espèces du droit international sont établies par un consentement général. Elles sont quelquefois tirées de la coutume. D'autres fois elles sont définies sous forme de conventions. Mais on admet que ces règles sont simplement partielles et constituent un effort et un essai pour exprimer dans des formules définies ce que demandent la justice et l'équité. A ce point de vue le droit international est comparable à la science. De même en effet que l'homme de science est engagé dans un effort continu pour découvrir et énoncer la vérité, ainsi le juriste et l'homme d'état, s'ils le sont réellement, cherchent avec persistance à formuler les exigences de la justice. Dans les deux cas il se peut que les formules auxquelles on arrive soient vraiment incomplètes; mais la justice comme la vérité n'est pas une simple création de l'esprit. Elle est un objet de recherche et de découverte. La découverte faite et acceptée devient obligatoire bien que nous n'en ayons peut-être qu'une connaissance encore incomplète.

C'est pourquoi c'est un véritable solécisme de dire que le droit international est « détruit » ou « non-existant » parce qu'il est quelquefois violé. Jamais on ne pourra le détruire. Il continuera à s'affirmer à nouveau. Comme après une période d'anarchie civile l'ordre public et l'autorité de l'état apparaissent plus nécessaires que jamais, de même le droit international, après une orgie de violence et d'atrocité, fait appel avec une force nouvelle à la raison humaine comme à quelque chose possédant un titre évident à notre respect et à notre obéissance.

Quoique violé criminellement, c'est une erreur de supposer que le droit international a été entièrement dédaigné, au cours du grand conflit européen. Il a été au contraire reconnu et invoqué comme il ne l'avait jamais été auparavant dans l'histoire de l'humanité. Jamais dans aucune guerre antérieure de pareils efforts n'avaient été tentés par les belligérants pour justifier leur propre conduite et pour prouver que leurs ennemis ont ouvertement méconnu les principes de justice aussi bien que les règles purement techniques de la guerre. Les volumineux livres blancs, rouges, jaunes et autres publiés par les gouvernements sont des témoignages éloquents de l'autorité du droit international qu'ils accusent constamment leurs ennemis de violer et auquel ils déclarent faire appel comme à un corpus de règles qui doivent être obéies. En somme, l'approbation ou la désapprobation de leurs actes par les nations neutres repose presque uniquement sur le caractère concluant de la véracité de ces accusations et le poids de la condamnation publique correspond à l'importance de la faute qui résulte d'une méconnaissance intentionnelle des principes de justice. N'est-il donc pas vulgaire de parler du droit international comme d'une chose de peu d'importance et surtout de le traiter comme s'il n'avait aucun droit au titre de loi obligatoire sous prétexte qu'il n'a pas une sanction externe immédiate ? Il a pourtant indubitablement une sanction suprême. S'il était généralement méconnu, cela signifierait la ruine complète de la civilisation. Si, d'un autre côté, il était généralement obéi, si toutes les grandes puissances, pour ne pas parler des petites, cherchaient avec soin à respecter dans leurs relations réciproques les principes dont elles se réclament, qu'elles essaient d'imposer dans leurs juridictions propres et qu'elles demandent aux autres gouvernements d'observer à leur égard, l'univers apparaîtrait comme un monde nouveau.

N'est-il donc pas oiseux de prétendre que le droit international est dépourvu de sanction quand l'obéissance ou la désobéissance à ses préceptes entraînent de si importantes conséquences pour l'humanité ? Dans la condition présente du monde, la pluie tombe également sur le juste et sur l'injuste et sous l'empire même d'une simple législation civile il arrive souvent que les victimes d'une agression non provoquée souffrent tandis que les coupables échappent à la punition que doit leur infliger l'état : de ce fait, nous ne nions pourtant pas l'existence de cette loi. D'ailleurs on ne peut pas dire non plus qu'aucune espèce de pénalité n'est attachée à la violation de la loi des nations. En général, en dehors de ses conséquences directes de ressentiment et d'hostilité de la part de la nation lésée, elle entraîne une réprobation générale de l'humanité. Et, en fait, les pénalités infligées pour les violations du droit international sont dans chaque cas bien plus proportionnées et bien plus effectives qu'on ne se l'imagine souvent. La perpétration d'une injustice par un état sur un autre atteint invariablement son propre droit civique et détruit dans le corps politique lui-même des valeurs bien plus précieuses que celles qui peuvent être acquises par une guerre injuste. « Un état », a-t-il été dit avec raison, « ne peut causer à un autre état un dommage, qui ne soit aussi un dommage égal ou même supérieur envers lui-même. » Considérés historiquement il y a peu de projets d'agression internationale qui n'aient entraîné de terribles impôts et bien que des états respectueux du droit aient été souvent victimes d'infâmes attentats, c'est un fait prouvé par la statistique que beaucoup d'états petits et inoffensifs comme la Suisse et la Hollande demandent à leurs sujets des impôts moins élevés et empruntent de l'argent à des taux d'intérêt plus bas que les puissances impériales qui ont de temps à autre essayé de subjuguer leurs voisins, provoquant ainsi des mesures de représailles et de vengeance qui épuisent les populations et pèsent lourdement sur les dettes publiques. Le coût des armées et des flottes énormes et le coût encore plus lourd des jeunes existences offertes en sacrifice à l'orgueil et à la convoitise nationales — n'est-ce pas là une pénalité de la méconnaissance d'une loi vivante gravée dans la raison et dans la conscience de l'homme ?

Qu'est-ce donc que la loi sinon cette notion d'une loi intime par laquelle un être réalise la véritable fin de son existence ? Notre définition en peut varier avec le temps, car sa perception plus ou moins nette dépend du développement de notre intelligence. Mais elle ne dépend pas de notre volonté ! Elle est inhérente à notre être. Elle se manifeste par notre raison.

Elle est confirmée par notre expérience. Il y a une loi des nations comme il y a une loi de la vie individuelle, que nous avons seulement en partie découverte, parce que nous n'avons pas cherché le plus élevé de tous les biens, mais seulement le plus élevé d'un nombre limité de biens. Mais la nature ne prévoit que l'universel. Par conséquent tant que toutes les nations ou même quelques nations insistent sur un droit d'expansion territoriale au détriment d'autres nations ; tant qu'elles manquent de reconnaître que, quelles que soient leur taille et leur force, elles sont toutes des membres égaux en droit d'une même communauté ; tant qu'elles prétendront que leur volonté est la loi — la guerre sera la *ratio ultima* et sa préparation la suprême sagesse de la prévoyance politique.

S'il est impossible d'avoir confiance dans des ligues pacifiques, encore moins convient-il de confier nos destinées à une ligue ayant pour but d'imposer la paix si elle doit être composée de puissances qui auraient elles-mêmes besoin d'être placées en tutelle. La seule ligue dans laquelle on pourrait véritablement avoir confiance pour imposer la paix serait une ligue composée exclusivement d'états disposés à reconnaître les obligations du droit international et décidés à s'engager volontairement à le protéger et à lui obéir.

Mais pour parler franchement, la paix n'est pas en elle-même un idéal humain. Tant qu'elle laisse sans solution le problème de la justice, ce n'est même pas une aspiration désirable. Elle peut même répugner aux sentiments moraux d'une conscience éclairée. Elle sera désirable seulement au moment où elle sera concomitante du bien social réalisé, car elle n'est dans aucun sens une fin en elle-même. Pourtant il ne faudrait pas rejeter le mot comme représentant une pure négation, et signifiant simplement l'absence de conflit. La paix sur la terre signifierait la libération des facultés humaines pour les achèvements les plus élevés et les plus nobles dont la nature humaine soit capable. Cela signifierait une efflorescence splendide de l'art, de la littérature, de la religion, — la culture, en un mot, et dans son meilleur sens, c'est-à-dire le déploiement spontané de toutes les forces de la personnalité.

Et quand nous considérons ce que doit faire un état absolutiste pour réprimer la spontanéité humaine, détruire le sens de la personnalité et rendre ses propres dogmes définitifs nous voyons quel cauchemar angoissant ce peut-être pour la civilisation. Si la tendance à monopoliser et à canaliser pour ses fins propres toutes les énergies humaines ne souffrait aucune contrainte, nous aurions éventuellement un art officiel, une science officielle, une littérature officielle qui seraient comme des menottes de fer pour l'esprit humain.

Ces choses, étant humaines, sont essentiellement cosmopolites et se développent le mieux là où les rapports internationaux sont les moins restreints. Si, comme le prétend la théorie absolutiste de l'état, un gouvernement particulier personnifiait réellement l'absolu intime, source et moule de toute existence intelligente, comme le voudrait Hegel, aurait-il même alors le droit de dicter quelle langue sera employée, quels arts seront encouragés, quelles formes ils prendront et quelles fins ils serviront ? Quelle vue étroite c'est donc que d'affirmer que toute culture purement nationale est une culture universelle ou qu'elle a un droit de s'imposer à des peuples récalcitrants qui possèdent déjà une culture propre ! Une telle affirmation n'est pas seulement antiphilosophique ; elle est contraire à l'histoire. « La culture n'est pas et ne peut jamais être une qualité inhérente particulière à une nation ou à une langue déterminées. C'est l'héritage de toute la race humaine, l'héritage chéri, accru, et transmis d'une génération à l'autre, d'un coin de la terre à l'autre. Les langages humains sont les vaisseaux qui renferment la culture. Aucun langage n'a été dès son origine un langage de culture et aucun n'est incapable de le devenir à la fin. » La culture, dans son vrai sens, ne saurait faire l'objet d'un monopole national. C'est une affaire de l'âme humaine et tout véhicule de répression contre lequel l'âme est en révolte est voué à la défaite ; sinon, c'est la culture elle-même qui périra dans la lutte.

C'est ici que parlent avec des voix auxquelles on ne peut imposer silence et des prières qui doivent être entendues, les nationalités supprimées, les peuples entiers massacrés, déracinés et contraints de servir les desseins égoïstes de dynasties dominantes. Il est inutile de parler de paix tant que ces énormités existent. Comment des peuples qui par le pouvoir militaire et une supériorité purement numérique ont écrasé des races sujettes et par la menace de l'épée défendent l'usage de langues maternelles et le culte des souvenirs historiques, comment ces peuples peuvent-ils parler sérieusement de culture supérieure ? C'est seulement par son pouvoir de persistance dans des conditions de liberté parfaite que la supériorité d'une forme de culture peut se justifier, car c'est pour chaque nation l'objet le plus élevé qui convient le mieux à ses facultés d'achèvement ; et lorsqu'un dynaste dépouille par la violence une race sujette de son patrimoine spirituel il renverse et détruit l'enchaînement par lequel se développe toute vraie culture. Il n'y a aucun peuple au monde qui ne résisterait si ce traitement lui était infligé.

·Donc un peuple ne saurait être apte à faire partie de la société internationale ou capable de réaliser son propre développement normal en tant qu'état, avant d'être prêt à reconnaître les droits de la personnalité. Lorsque des races mélangées composent la population et que la nationalité est identifiée avec la race dominante il ne peut y avoir aucune unité nationale, parce qu'il n'y a aucun esprit de coopération. Cependant l'expérience a démontré en Suisse et aux Etats-Unis que des races différentes peuvent coexister dans la même nation sans perdre la moindre parcelle de leur liberté personnelle et qu'elles peuvent coopérer ensemble à l'organisation de la liberté. Beaucoup de nations peuvent n'être pas encore mûres pour ce haut développement de la nationalité et les conflits de ségrégation et de domination de races peuvent encore continuer ; mais l'obstacle à l'harmonie ne procède pas de la nature essentielle de l'état. Il consiste plutôt dans l'arrêt de l'évolution politique à un moment où la véritable condition de l'état n'a pas encore été réalisée. Car une nation purement organisée pour le pouvoir, la conquête, la domination du monde et non pas pour la justice, n'est pas encore un état dans le sens propre du mot, mais une survivance anti-sociale et anarchique du despotisme primitif.

La réalisation complète des idéals internationaux doit donc attendre une évolution politique plus avancée. Mais ces idéals ne dépendent pas entièrement de la pensée purement spéculative. Ils sont étroitement mêlés à l'expérience pratique. Ils acquièrent des forces nouvelles à chaque nouvelle désillusion sur la valeur et l'utilité des projets de conquêtes et des efforts faits pour assurer la prospérité sociale par la force militaire. Par conséquent, ce sont des réalités existantes que nous avons à considérer. Pas plus que l'ancienne, la nouvelle Europe ne sera une pure construction spéculative. Elle prend dès maintenant sa forme matérielle devant nos yeux. Elle est forgée et façonnée dans la fumée, la flamme et la torture de la bataille. Elle sera déterminée non seulement parce que les hommes aiment et désirent, mais aussi parce qu'ils haïssent et par ce devant quoi ils reculent d'horreur.

Son cri de guerre est : « Plus jamais ! Plus jamais ! » Les trônes peuvent être renversés ou ils peuvent durer ; mais de l'angoisse, de la désillusion et de l'évanouissement de rêves radieux, la nouvelle Europe sortira châtiée, reconstituée, rachetée.

CHAPITRE III

L'IMPÉRIALISME ÉCONOMIQUE

Raisons économiques des guerres modernes. — Statistiques :
l'impérialisme et la guerre. — Le partage de la Pologne. —
La rivalité commerciale cause de la guerre actuelle. — La
déclaration de principes de l'Entente. — L'attitude allemande : « l'Empire Allemand » du prince de Bulow ; la
« Grande Allemagne » de Otto Richard Tannenberg.

Dans la discussion des questions internationales,
c'est une méprise assez commune que d'insister sur
l'organisation politique en négligeant les faits et les
aspirations économiques. Il est évident que, si toutes
les nations vivaient sous un régime véritablement
constitutionnel et étaient disposées à appliquer les
principes des états constitutionnels dans leurs rapports réciproques, il ne serait pas difficile d'établir
une organisation du monde avec un code établi de lois,
une cour arbitrale de justice et peut-être un conseil
de conciliation pour proposer des moyens de résoudre
les différends s'élevant à propos d'un conflit de politiques nationales. Mais une pareille organisation ne
pourrait prévoir qu'un jeu d'institutions. Elle n'attein-
drait pas les motifs nationaux qui font mouvoir le
monde.

Parmi les causes de conflit les plus difficiles à contrôler se trouvent les raisons économiques. Ce sont elles qui exercent maintenant les influences les plus décisives dans la détermination des ambitions des nations qui ne sont pas des corps purement politiques, mais des corporations économiques cherchant à acquérir et à posséder les ressources du monde. Considéré de ce point de vue, le but extérieur de l'existence nationale est l'activité réalisatrice plutôt que la justice. L'état vise non seulement à la protection des droits, mais aussi à l'accroissement du pouvoir. Tant que l'emploi de la force militaire comme auxiliaire de l'industrie et du commerce semblera aux grandes puissances plus avantageux qu'une coopération paisible dans l'utilisation des ressources du globe, la guerre apparaîtra une méthode naturelle, justifiable pour certains, de développement national.

L'impérialisme moderne est, en fait, guidé bien plus par des motifs économiques que par des causes politiques. Politiquement, l'impérialisme n'est qu'un simple intérêt dynastique. Economiquement son rôle consiste à démontrer que l'expansion territoriale et une domination étendue sont dans l'intérêt du peuple. Dans cette démonstration on abuse de deux manières de la confiance du peuple : en effet, pendant que quelques intérêts d'ordre spécial peuvent profiter d'une politique impérialiste, l'individu moyen n'est rendu ni plus riche ni plus heureux par les triomphes impériaux. Et s'il l'était, ce serait encore un acte criminel que d'induire un peuple en association dans une politique de pillage sous le prétexte que des avantages qu'il ne saurait se procurer par ses moyens personnels peuvent être obtenus pour lui par le pouvoir de l'état. Lorsqu'un gouvernement s'embarque dans une politique d'agression impérialiste, il dit virtuellement à la nation : « Fournissez-nous le pouvoir nécessaire et nous conquerrons pour vous des avantages nouveaux dont vous aurez tous votre part. » Un peuple ainsi abusé devient ainsi victime non seulement de la déception, mais de la corruption. En devenant actionnaire dans une opération en participation dont l'objet est un gain illicite, il fournit le capital nécessaire à une entreprise de pillage pour découvrir à la fin qu'il est exclus du partage des bénéfices même lorsque ceux-ci sont obtenus par voie de conquête et d'annexion. Il se trouve au contraire écrasé par le fardeau de la dette publique, appauvri par l'abandon de ses affaires, attristé par la perte de ses fils tués ou mutilés dans la bataille. C'est à bon droit qu'on peut douter si, quand l'équilibre est rétabli, l'individu moyen dans une nation victorieuse s'est somme toute appréciablement enrichi du fait de l'agression impérialiste. De nouveaux territoires ont pu être gagnés, de nouveaux accroissements ont pu être offerts à la masse de la population, un contrôle politique plus large peut avoir été assuré, mais rarement, pour ne pas dire jamais, la somme de bonheur aura été accrue.

Pour tous les peuples civilisés, la pensée d'une guerre agressive dans un but de gain, comportant forcément toutes espèces de crimes — vol, meurtre,

viol, sacrilège — révolte la conscience et est odieuse
à l'intelligence ; mais en réalité, les aspirations impérialistes ne sont jamais présentées à l'esprit d'une
manière aussi répugnante. Elles sont invariablement
dissimulées pour la grande masse du peuple sous un
masque de prétextes vertueux. Une soi-disant défense
contre une invasion projetée, la nécessité de mettre fin
à une injustice historique, la réalisation de « frontières
naturelles » l'unification de peuples divisés, la restau-
ration de nationalités supprimées, l'extension des bénéfices d'une culture supérieure à des races inférieures
— telles sont les raisons mises en avant dans les proclamations publiques et les apologies diplomatiques
des projets d'agressions, tandis que les avantages matériels sont représentés comme des conséquences se-
condaires de ces nobles buts.

Il serait naturellement déraisonnable de nier que
les aspirations longtemps comprimées ou un désir de
réaliser l'égalité des privilèges avec d'autres nations
ne soient parfaitement légitimes, comme, par exemple,
l'unification de l'Allemagne et de l'Italie, ou la décision de mettre fin à une exclusion de marchés ou de
routes maritimes monopolisés par la force. Dans des
cas où des peuples entiers ont été ainsi rendus économiquement dépendants il peut y avoir sans doute de
justes raisons de demander des changements ; mais en
somme ce sont là surtout sujets de négociation et de
transaction selon de légitimes méthodes commerciales
plutôt que de déploiement de force militaire. Dans le
passé, le recours à la violence pour la réalisation des

fins nationales non seulement a été habituel, mais il a paru découler, comme un corollaire logique de la théorie absolutiste de l'état. Si cette théorie doit être encore maintenue, il faut accepter la parfaite légitimité du droit entier de conquête limité seulement par le pouvoir d'un état de réaliser ses fins par la force. Chacun des empires existant dans le monde est en fait une création de la force militaire. Pour ceux qui acceptent la théorie absolutiste de l'état il n'y a rien de répréhensible dans l'esprit de conquête et de domination impérialiste. Pourquoi toute nation admettant cette théorie se priverait-elle d'étendre sa puissance aussi loin que possible ? Il est, en fait, certain qu'elle ne s'en privera pas et la conséquence logique et nécessaire est que tant que cette théorie sera admise le conflit des nations continuera.

Tout l'avenir de la civilisation dépend de savoir si l'état sera dorénavant une création de la force ou une création de la loi. S'il est considéré comme une pure création de la force, en ce cas la préparation à la guerre est la suprême sagesse, car, seul, un état fort peut survivre et il doit être toujours prêt à combattre pour son existence. Mais au contraire si l'état doit être à bon droit conçu comme devant être une création de loi, en ce cas tous les états acceptant cette théorie sont menacés par l'existence de puissantes personnifications du pouvoir qui refusent d'être régies par les prescriptions de la loi. Tant qu'elles existeront, tant qu'elles s'armeront en vue de l'agression, tant qu'elles formeront des projets de conquête — les

véritables états constitutionnels devront se préparer
à se défendre eux-mêmes et même à se défendre
mutuellement.

Considéré en lui-même, l'impérialisme purement
dynastique n'est pas à présent une menace pour la
paix du monde. Il n'y a probablement aucune nation
si dévouée soit-elle à une dynastie ou au principe dynastique qui soit prête à compromettre la paix de ses
voisins pour des raisons exclusivement dynastiques.
Mais l'expansion territoriale, l'extension du contrôle
politique pour des raisons économiques, la convoitise
des marchés, la recherche des sources de matières
premières, la maîtrise des grandes voies maritimes,
la suprématie sur la mer — telles sont les forces
d'impulsion et d'entraînement qui font de l'impérialisme la terreur du monde. Entre les mains d'une
grande puissance agissante, irresponsable et dépourvue de remords, ces ambitions feraient de cette pla-
nète un lieu d'éternel tourment pour tout peuple
respectueux de la loi.

Un fait intéressant est que les états européens autrefois engagés dans la lutte pour la suprématie et qui
l'ont depuis abandonnée ont vu diminuer dans une
proportion impressionnante le temps consacré à la
guerre. Le Danemark, par exemple, dans la période
de sa lutte pour la suprématie dans la Baltique,
consacra pendant le xvi⁰ siècle 32,5 années et pendant le xvii⁰ siècle 30,5 années à la guerre ; mais au
xviii⁰ et au xix⁰ siècles, le royaume ayant cessé de

nourrir des ambitions impérialistes, le temps moyen consacré à la guerre, du fait surtout des alliances contractées, ne fut que de 13 % pour toute cette période. Au XVIe et au XVIIe siècles, la Suède, alors qu'elle visait à l'empire du Nord par la soumission de la Pologne, de l'Allemagne du Nord et du Danemark fut engagée dans des guerres pendant plus de 50 % de tout ce temps ; mais au XIXe siècle alors que s'étaient éteintes les ambitions impérialistes suédoises et malgré l'obligation où elle se trouva de faire la guerre défensive pendant la période napoléonienne, l'activité guerrière n'absorba que 6,5 % du temps et depuis 1815 ce royaume a joui d'une paix ininterrompue. De même la Hollande, pendant sa période d'expansion coloniale fut en état de guerre pendant 62 % du temps, tandis qu'au cours du dernier siècle elle fut exempte de guerre. L'Espagne au moment de sa grande période d'expansion coloniale fut en état de guerre 82 % du temps, tandis qu'au XIXe siècle si l'on excepte la période napoléonienne, les guerres de l'Espagne, jusqu'au court conflit avec les Etats-Unis pour Cuba, furent de simples insurrections domestiques contre l'absolutisme.

Si nous considérons maintenant les grandes puissances, nous constatons qu'elles se sont trouvées presque toujours soit en état de guerre, soit occupées à la préparer et que la guerre a eu pour cause presque unique leurs aspirations impérialistes. L'Autriche, dans la période de consolidation impériale de 1500 à 1650 se trouva en état de guerre pendant 75,5 % de

tout le temps de cette période. Après la paix de Westphalie, il y eut une diminution sensible d'activité
guerrière. Au XVIIIe siècle, la proportion tomba à
48 %, et au XIXe à 13,5 %. Pendant toute la période qui s'étend de 1100 jusqu'au commencement
du XIXe siècle, la France s'est trouvée en état de
guerre environ la moitié du temps et pendant le
XIXe siècle 35 % du temps. Pendant quatre siècles
la Russie s'est trouvée en guerre pendant 60 % de
ce temps. Depuis 1500, l'Angleterre s'est trouvée engagée dans des guerres étrangères près de 52 % du
temps.

Beaucoup des guerres comprises dans ces chiffres
furent, il est vrai, peu importantes, et certainement aucune d'elles, même les guerres de Napoléon ne sont
comparables en ampleur au grand conflit européen
maintenant déchaîné ; mais elles furent pour la plupart des guerres à caractère impérialiste, procédant
de ce principe que le droit de possession appartient
au pouvoir qui peut prendre et garder. Il peut y
avoir eu des différences dans le traitement infligé au
vaincu après la lutte et dans le caractère de la civilisation imposée par le conquérant ; mais dans le
passé, jamais une grande puissance n'a douté un
seul instant qu'elle n'eût un droit parfait de soumettre
une race plus faible ou de démembrer un état sans
défense chaque fois qu'elle crut y voir un avantage
matériel. Il n'y a pas une seule grande puissance
qui n'ait constamment agi ainsi.

Jusqu'à l'invasion de la Belgique en 1914, le crime

le plus odieux qui ait été commis contre un peuple civilisé fut sans aucun doute le premier partage de la Pologne. Pourtant aucune voix ne s'éleva à cette époque contre cet acte. Cela « déplut infiniment » à Louis XV, mais il ne répondit même pas à l'appel à l'aide du roi de Pologne. George III répondit froidement que « la justice devrait être la règle invariable des souverains, » mais conclut en disant : « Je crains cependant que les calamités ne soient telles qu'on ne puisse plus espérer un redressement des torts que de la main du Tout-Puissant. » Catherine II pensait que le principe de justice était satisfait lorsque « tout le monde prend quelque chose ». Frédéric II écrivit à son frère : « Le partage unira les trois religions, grecque, catholique et calviniste, car nous allons communier avec le même corps consacré qui est la Pologne. » Seule Marie-Thérèse ressentit un tiraillement de conscience. Elle prit, mais elle eut honte. Elle écrivit :

« Nous avons par notre modération et notre fidélité à nos engagements acquis la confiance, je puis même dire l'admiration de l'Europe... Une seule année nous a fait perdre tout cela. J'avoue que c'est dur à supporter et que rien au monde ne m'a coûté davantage que la perte de notre b one renommée. »

C'est un phénomène étrange que dans une matière où la conscience humaine rationnelle prononce si promptement son jugement et condamne si spontanément, la solide masse des convictions morales compte pour rien. Contre elle, un préjugé purement national n'a jamais manqué de prévaloir. On éprouve actuellement une sympathie profonde pour les malheurs des petits états. Combien peu cependant ont fait les grandes puissances pour assurer la sécurité et les droits des petites nations ! Il pourrait paraître peu généreux, au milieu d'une lutte amère, de rouvrir les livres du passé et de rappeler aux adversaires l'histoire qu'ils ont aidé à faire. Mais comment mettrons-nous jamais fin à l'impérialisme économique si nous ne mettons pas ses vices à nu et si nous ne le condamnons pas dans tous ceux qui l'ont pratiqué? Aussi longtemps qu'il ne sera pas combattu, il continuera. Mais le crime de le laisser continuer ne se borne pas au traitement infligé, dans ce sport impérial, à la proie, c'est-à-dire au petit état, au peuple faible. Le tort le plus grave est celui causé aux peuples impérialistes eux-mêmes qui sont entraînés dans un acte de pillage et deviennent *particeps criminis* par l'appel adressé à leurs instincts ethniques, à leur loyauté envers leur gouvernement, à leur passion de la suprématie, ou au motif plus bas de la vulgaire convoitise. S'il doit exister un jour un meilleur esprit dans l'Europe nouvelle, il y aura place pour bien des pénitences pour le passé et pour bien des résolutions élevées pour l'avenir. Mais des signes certains nous font croire que nous sommes véritablement arrivés à un tournant de l'histoire. Il a fallu l'affreux cataclysme qui a agité maintenant l'Europe pour ouvrir les yeux des peuples civilisés à cette vérité que l'état, avec toute sa machinerie de destruction ne peut pas être placé plus longtemps au-dessus de la loi morale. Et c'est alors que dans chaque esprit réfléchi s'est élevé cette question : qu'est-ce donc que l'état et quelle est la source de son autorité pour qu'il puisse, simplement pour accroître son pouvoir, écraser si impitoyablement les hommes sous les roues de son chariot, précipiter des peuples entiers les uns contre les autres, ingénieusement armés pour le meurtre en masse, et répandre partout sur la terre mort et mutilation ? Il y a une espérance pour l'avenir dans ce fait que des nations qui autrefois ont elles-mêmes participé aux curées impérialistes et ont soumis des peuples sans défense, affirment aujourd'hui qu'elles combattent le combat de la démocratie et sacrifient leurs propres vies pour la sécurité des petites nations. Comment pourraient-elles après cela placer de nouveau l'idéal impérialiste au-dessus de l'obligation morale et le gain matériel au-dessus des principes qu'elles proclament?

Ce fut, sans aucun doute, l'impérialisme économique qui causa la guerre actuelle et y plongea toute l'Europe. Personne ne peut ne pas voir l'opposition d'intérêts qui nous a menés là. Ils étaient, ces intérêts, réels, évidents ; mais ce fut un anachronisme de se battre pour eux. C'étaient primitivement des intérêts d'affaires — marchés, ressources, routes commerciales.

Pour les régler avantageusement l'épée fut jetée dans la balance et de grandes armées furent réunies et envoyées remplir leur mission qui était de se tailler un chemin jusqu'au cœur des nations adverses. Peut-on dire que ce fut un bon moyen de terminer l'affaire ? Ce fut facile à commencer, mais c'est difficile à finir. Cela ne finira jamais par la force des armes seulement. La leçon doit être comprise et acceptée par tous. Quel que soit le vainqueur sur les champs de bataille, aucune vraie victoire ne peut être atteinte qui ne fasse triompher les principes de justice universelle, et n'oblige à l'abandon des avantages matériels en tant que butin de guerre. Si la victoire résultant de cette guerre n'est pas un triomphe pour l'humanité, quel que soit le vainqueur au moment du traité, ce ne sera pas une paix, mais la semence de conflits futurs. Le vrai champ de bataille se trouve dans les consciences des nations, et les nations de même que les individus doivent apprendre que « celui qui a remporté une victoire sur lui-même est plus grand que celui qui a conquis une ville ».

Nous pouvons donc nous représenter par anticipation une Europe nouvelle dans laquelle le plus fort ne pourra profiter de sa supériorité. Cela retentit en vérité comme une doctrine nouvelle. Il sera peut-être alors dur de vivre ; mais c'est une doctrine qui aura son apostolat. Elle est explicitement annoncée comme une religion. Quelle qu'ait été la sympathie que l'Entente a pu rencontrer en Amérique, elle lui a été donnée parce qu'elle fut la première à l'annoncer et parce qu'on la croit sincère lorsqu'elle proclame que la loi doit être respectée et que le droit du plus fort ne doit pas être invoqué. L'Entente a ainsi pris une grande décision à laquelle elle devra se conformer. Les petits états, les peuples faibles, les races submergées, affirme-t-elle, doivent dorénavant être l'objet de la part des puissants, d'une juste considération. L'état ne doit pas être plus longtemps regardé comme une entité n'existant que pour son propre accroissement de puissance, placé au-dessus de la loi, défiant l'humanité et n'ayant aucune responsabilité envers qui que ce soit. Il y aura une société des états dans le véritable sens de ce mot, une communauté dans laquelle la loi internationale devra être respectée. En un mot, ce sera la fin de l'impérialisme économique dans un monde nouveau.

Pour l'historien, il est peut-être difficile d'accepter ces résolutions élevées comme certaines de durer. L'histoire, en effet, n'a jamais devancé directement la réalisation des grands idéals. Il y a eu souvent des mouvements de réaction qui ont d'ailleurs été rarement complets. La nature humaine ne change pas radicalement, mais dans les grandes crises les hommes aperçoivent une lumière nouvelle ; une fois qu'ils l'ont vue, il ne fait plus jamais aussi sombre qu'avant.

En tout cas, un nouvel étendard a été levé. Nous devons nous y rallier. Rendons faciles les actes de pénitence et de contrition. Que tous ceux qui ont foi dans l'état constitutionnel, qui le fondent sur les droits de la personne, qui le soumettent autant que cela est possible à la loi morale et qui désirent chas-

ser de la surface de la terre l'ombre même de l'épée
— que tous ceux-là s'unissent autour du nouveau
drapeau. Au moins un pas vers le progrès a été fait
depuis les conférences de La Haye. Personne alors
n'osait aller jusqu'au bout. Personne, dans ces con-
claves, ne s'aventura à poser la question des prérogatives du gouvernement. Personne ne sentit que le
moment était arrivé de discuter les vraies causes des
guerres ou de faire le procès de la convoitise des
grandes puissances. Il régna nécessairement une at-
mosphère de courtoisie mais voilée de méfiance réciproque. Le fait qu'il y avait des sujets qui ne pouvaient être franchement abordés rendit impossible
la confiance mutuelle. De nouveau on murmura:
« Nous ne devons pas isoler telle ou telle puissance » ;
et par conséquent aucune action ne put être tentée
sur laquelle *toutes* les puissances — qui se savaient
toutes dressées, les unes contre les autres — pussent
s'entendre. Les petits états, tous en lisière, ne son-
geaient qu'à leur propre situation et dans certains
cas à leurs propres desseins. Il est bon que nous
soyons arrivés à un moment où la vérité peut être dite
et où les causes réelles du conflit peuvent être ouvertement discutées.

Il ne saurait y avoir entre états réellement constitutionnels aucune différence basée sur de pures
formes de gouvernement. Ces dernières naissent des
exigences de chaque nation, de sorte qu'en vertu de
ses propres principes chaque état constitutionnel
s'interdit de dicter sa forme de gouvernement à au-

cun autre pays. Monarchie, oligarchie ou démocratie, peuvent au même titre entrer dans la famille des nations du moment qu'elles acceptent et respectent les principes du droit.

Mais l'impérialisme économique est un esprit et non. une forme. Jusqu'à ce que les nations aient renoncé à cet esprit il ne peut y avoir une société des états, parce qu'il est antisocial, rapace et basé sur la force arbitraire. Tant que des nations, quelle que soit leur forme de gouvernement, auront recours à la force militaire pour subordonner d'autres nations et leur extorquer par la violence des avantages économiques, la civilisation se trouvera en face d'un ennemi dangereux.

Si les puissances de l'Entente sont sincères dans cette guerre, elles doivent être prêtes à en finir avec ces habitudes d'exploitation violente et à prendre des engagements solennels pour tenir leur promesse. Elles ont fait appel à la conscience de l'humanité. Elles ont défini leur conception du juste et de l'injuste, du droit et du tort. Elles font profession d'être prêtes à mourir pour cet idéal. Elles ont insisté sur le caractère sacré des obligations stipulées dans les traités. Elles ont proclamé les droits imprescriptibles des peuples sans défense. Elles ont affirmé que l'humanité et la moralité nationale devaient être préférées à l'empire. Elles se sont, ce faisant, élevées à une grande hauteur dont il serait bien humiliant pour elles de jamais descendre. A tous ceux qui croient à leur sincérité elles ont parlé un langage divinement prophétique et si elles sont fidèles à leur profession de foi elles créeront une ère nouvelle de l'histoire du monde.

Quelle est donc l'attitude des puissances centrales, de l'Allemagne et de l'Autriche, devant l'apparition de cette nouvelle bannière. Sont-elles aussi prêtes à s'y rallier ?

Si l'empire d'Allemagne possède un champion et un apologiste autorisé, ayant le droit par sa position et son expérience d'être écouté et cru, c'est l'ancien chancelier impérial, le prince de Bulow. Dans la première phrase de son livre sur « L'Allemagne impériale » publié juste avant la guerre, il dit : « L'Allemagne est la plus jeune des grandes puissances de l'Europe, et considérée comme un intrus non invité et mal accueilli lorsqu'elle vient demander sa part des trésors du monde. » La raison est d'ailleurs franchement avouée. « Cette union des états du continent de l'Europe centrale », dit-il, « si longtemps empêchée, si souvent crainte, et réalisée enfin par la force des armes allemandes et une incomparable politique semblait impliquer quelque chose comme une menace ou tout au moins comme un facteur troublant. »

L'explication du prince de Bulow de la signification de l'unité allemande est quelque peu inquiétante. Le mouvement volontaire et spontané du peuple allemand, affirme-t-il, n'eût jamais pu créer l'empire. Ce fut grâce à une lutte avec le reste de l'Europe, explique-t-il, que l'Esprit germanique put être évoqué.

« L'opposition en Allemagne même ne pouvait guère être surmontée », continue-t-il, « que par cette lutte. Ainsi la politique nationale fut étroitement mêlée avec la politique internationale ; avec une audace incomparable et une politique constructive, Bismarck, en consommant l'œuvre de l'unité allemande, se garda de se servir des capacités politiques des Allemands qui furent toujours faibles, tandis qu'il mit en œuvre leurs aptitudes guerrières qui avaient toujours été leur principal atout. »

Ces paroles de l'ancien chancelier de l'Empire jettent une vive lumière sur la question et elles furent dites dans un esprit de vérité historique. C'est dans le même esprit que nous les citons ici. Le monde n'aurait pas à craindre le peuple allemand même fort et unifié, si leurs vieilles qualités étaient réfrénées ; mais, presque contre sa volonté, semble-t-il, l'Allemagne devint une puissance impérialiste et fit son entrée dans la grande politique internationale. La domination prussienne lui fraya le chemin et une prédominance militaire centralisée lui fournit les moyens d'action. Le prince de Bulow ne permet pas au peuple allemand lui-même ou à ses voisins d'oublier que ce ne furent pas les capacités politiques des états constituants, mais la seule prouesse militaire prussienne qui créa et qui peut encore continuer à étendre l'empire.

« L'empire germanique du moyen âge », écrit l'ancien chancelier, « ne fut pas fondé par l'union volontaire des tribus, mais par la victoire d'une seule tribu sur toutes les autres qui pendant longtemps suppor-

tèrent contre leur gré la loi du plus fort. » Et afin de
ne laisser aucun doute sur la dette contractée par tout
le peuple allemand envers la Prusse, mais surtout
pour lui montrer sa complète dépendance de la force
de ses armes, il continue : « De même que l'ancien
empire avait été fondé par une tribu supérieure, de
même le nouvel empire fut fondé par le plus fort des
états individuels... Sous une forme moderne, mais à la
vieille manière, la nation allemande a de nouveau, au
bout de mille ans, et d'une manière plus parfaite cette
fois, complété l'œuvre de jadis et qu'elle avait eu le
tort de détruire. »

C'est précisément ce retour au passé, cette franche
résurrection des méthodes en usage il y a mille ans,
cette acceptation d'une théorie de l'état que la civilisation a toujours rejetée, cet éloge non dissimulé de
la supériorité intrinsèque des « aptitudes guerrières »
— qui ont effrayé l'Europe et lui ont inspiré la défiance de l'usage que l'Allemagne comptait faire de
ses énergies débordantes.

Et cette défiance ne saurait être dissipée par la peinture que nous fait le prince de Bulow de l'état intellec-
tuel de l'Allemagne. « L'intelligence allemande », dit-
il, « avait déjà atteint son zénith sans l'aide de la
Prusse. Les princes de l'Ouest furent les patrons de
la culture allemande ; les Hohenzollern furent les
maîtres et les initiateurs politiques. » Il n'y a, même
encore, affirme-t-il, aucune fusion entre le Prussianisme et l'esprit allemand. Des représentants de la vie
intellectuelle allemande, nous assure-t-il, regardent

quelquefois l'état prussien comme un « pouvoir hostile » et le prussien considère quelquefois le libre développement de l'intelligence allemande comme une « force destructive. » Il dit encore : « Continuellement, au Parlement et dans la presse, des accusations sont élevées contre la Prusse au nom de la liberté, et contre l'intelligence allemande indomptée au nom de l'ordre. » Entre elles, nous assure-t-il, il n'y a encore aucune vraie réconciliation.

Il n'y a aucun doute que, si l'Allemagne était aujourd'hui dans l'état d'esprit où elle se trouvait lorsque les universités allemandes et les classes cultivées clamèrent leurs sentiments en 1848, il se produirait un vigoureux mouvement vers l'internationalisme. Au lieu de cela, enfermée dans sa tour d'ivoire, la nation allemande se conçoit elle-même comme un esprit de justice universelle — l'humanité inspirée par la divinité — s'efforçant de s'incarner dans l'humanité par ses formes supérieures de culture. Dans les autres pays, affirment-ils, les individus cherchent seulement leur bonheur particulier. Ils n'ont aucun sens de l'universel ou d'un principe d'organisation. L'état allemand y pense pour tous. Lui seul donc a le secret de la victoire ultime. Lui seul peut sauver le monde de la dégénérescence et de la décadence. Et c'est pour cette raison qu'il doit conquérir, dominer et reconstruire le monde !

Dies ist unser ! so lass uns sagen, so es behaupten (1).

(1) Il est à nous ! proclamons-le, affirmons-le.

Considérée en elle-même, cette *Weltanschauung* (1) serait entièrement sans danger, une simple forme d'orgueil spirituel inoffensif ; mais considérée dans son rapport avec l'organisation militaire prussienne· qu'elle regarde comme un moyen d'action, elle est devenue monstrueuse. Comme la foi islamique à laquelle le pangermanisme se compare inconsciemment, elle a allumé une flamme de fanatisme qui ne recule pas devant les moyens extrêmes. Ainsi à l'orgueil de la culture, elle ajoute le zèle de la religion :

Wir sind des Hammergottes Geschlecht und wollen sein Weltreich erobern (2).

Cet esprit du pangermanisme atteint son complet développement dans le *Alldeutscher Verband* (3), dont les publications largement répandues partout par des éditions populaires bon marché ont causé un tort infini à la réputation de l'empire. Parmi les publications de cette espèce, la plus sérieuse est le livre intitulé *Gross-Deutschland*, publié à Leipsig en 1911 par Otto Richard Tannenberg (4).

Dans cet ouvrage est exposé et interprété le rêve allemand de *Weltpolitik* avec le secours de l'ethnographie, de la statistique, de la cartographie et de

(1) Conception du monde.

(2) Nous sommes les descendants du dieu Hammer et nous voulons conquérir l'empire du monde.

(3) L'Union Pangermanique.

(4) Voyez la traduction française : *La plus grande Allemagne*, Payot et Cⁱᵉ, Paris et Lausanne, 1916, avec une préface du professeur Maurice Millioud.

la prophétie. Avec une érudition qui a demandé des années de recherches et avec une précision et une netteté qui ne laissent rien d'inexpliqué, même jusqu'à ce que les traités de paix définitifs d'après la grande guerre aient accompli leur œuvre, nous trouvons dans cet ouvrage fait avec soin un exposé complet de l'impérialisme économique tel que le rêvent les pangermanistes, et qui a été largement répandu dans le peuple. Il n'y est pas question de répandre la culture allemande pour le plus grand profit des autres nations pas plus qu'on n'y essaie de prouver la valeur morale d'une organisation supérieure. Il n'y a en fait que « la promesse du butin, la perspective du profit, la vision de la proie pantelante attendant d'être transpercée », un empire du monde produit par la vivisection des nations civilisées sous le tranchant de l'épée.

Cette exhortation ardente à une prompte agression militaire, d'une franchise incroyable, ne fait aucun état d'une nécessité quelconque pour l'Allemagne d'agir ainsi, mais déclare simplement qu'il est à la fois avantageux et pratique d'acquérir de nouveaux territoires, d'en chasser les habitants, de jouir de toutes leurs ressources sans reconnaître aucuns droits ou aucune loi. Se trouvant forts, nombreux et bien préparés, le moment est venu pour les Allemands de frapper leur grand coup pour s'assurer la domination du monde. « La période de préparation, » déclare Tannenberg, a duré longtemps (de 1871 à 1911) — quarante ans de labeur sur terre et sur mer, sans que le but ait été perdu de vue un seul instant. Il faut maintenant commencer la bataille, vaincre et conquérir ; gagner de nouveaux territoires qui seront des terres de colonisation pour les paysans allemands, pères des futurs guerriers des futures conquêtes.... La « paix » est un mot détestable. La paix entre Allemands et Slaves est comme un traité fait sur du papier entre l'eau et le feu.... Depuis que nous avons la force, nous n'avons pas de raisons à chercher ou à invoquer — pas plus que les Anglais lorsqu'ils ont pris l'Afrique du Sud. »

Une fois ramenés dans le bercail de la plus grande Allemagne, il y aurait en Europe, en dehors des Balkans, 87 millions d'hommes d'origine allemande fournis par la Hollande, la Belgique, la Suisse, l'Autriche, les provinces baltes de la Russie. Le fait que certaines de ces populations ont cessé de parler l'allemand ne signifie rien. C'est une question de pure unité ethnique, la réintégration de frères depuis longtemps perdus. Quant au fait que d'autres races occupent aussi ces territoires et qu'elles sont parfois numériquement plus nombreuses que les occupants germains, il ne rend pas l'opération encore moins nécessaire. « Si toutes les tribus allemandes existaient encore », écrit Tannenberg, « et avaient la force des Bas-Saxons, il n'y aurait plus ni Latins ni Slaves. Les frontières de l'Europe seraient celles de l'Allemagne. »

Mais ce plan d'expansion germanique ne se borne pas à une unification de la race teutonne en Europe Il y aurait encore d'autres Allemagnes, toutes soigneusement indiquées sur la carte, en couleurs : une Allemagne africaine, large bande traversant le continent noir de l'Atlantique à l'Océan Indien ; une proche Allemagne asiatique couvrant tout l'empire ottoman ; une autre extrême Allemagne asiatique embrassant la plus grande partie de la Chine ; une Allemage océanique comprenant toutes les îles hollandaises du Pacifique ; enfin une Allemagne américaine couvrant toute la moitié méridionale de l'Amérique du Sud. Telles sont les ambitions teutonnes et les plans teutons de conquêtes indiqués avec soin sur la future carte du monde de Tannenberg.

Partout où il y a des Allemands, partout où vont les Allemands, doit flotter l'étendard à l'aigle impérial. « Nous sommes 87 millions représentants de la nationalité allemande sur notre continent », continue cette exhortation à la domination universelle. « Notre pays est le plus peuplé, le mieux organisé. Nous touchons à l'ère nouvelle. Nous combattrons et nous conquerrons... Si à l'époque des grandes migrations un homme qui aurait été un cerveau et un grand chef militaire avait réussi à grouper la masse innombrable du peuple allemand et à lui donner une volonté unique, une seule pensée politique ou religieuse, cette force admirable, la plus considérable peut-être qui ait jamais existé, ne se serait pas dispersée dans un individualisme insensé. Le mouvement aurait uni à l'impétuosité de l'Islam la ténacité germanique... La culture de l'Europe serait, aujourd'hui, purement allemande et avec elle le monde entier. »

On peut réaliser à quel point cet incorrigible esprit de tribu est effrayant lorsqu'on songe à ce qu'était la culture du temps des grandes migrations, et ce que cette force brutale déchaînée et cette ténacité auraient infligé à l'Europe, si les influences latines n'avaient été là pour la tempérer, l'améliorer et lui donner un premier semblant de civilisation.

« Dans le bon vieux temps », écrit Tannenberg, « il arriva quelquefois qu'un peuple fort en ait attaqué un plus faible, l'ait exterminé ou chassé de son patrimoine. Aujourd'hui, ces actes de violence ne se commettent plus. Aujourd'hui, tout va gentiment, en ce pauvre monde et les privilégiés sont pour la paix. Les petits peuples et les débris de peuples ont inventé un mot nouveau : « Le droit international. » Au fond ce n'est qu'un calcul basé sur notre générosité stupide... Quelqu'un doit faire place à l'autre : les Slaves de l'Ouest et du Sud ou nous-mêmes ! Comme nous sommes les plus forts, le choix n'est pas difficile.... Un peuple ne se maintient qu'en se développant... La plus grande Allemagne n'est possible qu'en engageant la lutte avec l'Europe. La Russie, la France et l'Angleterre s'opposeront à la fondation de la plus grande Allemagne. L'Autriche impuissante comme elle l'est ne pèsera guère dans la balance. En tout cas les Allemands ne marcheront pas contre l'Allemagne. »

Le plan ne manque pas d'une certaine clairvoyance. On ne saurait tout réaliser d'un seul coup. « Une union douanière de la plus grande Allemagne », continue le projet, « avec les pays des Balkans et du Danube serait dans leur intérêt comme dans le nôtre. D'un côté, la plus grande Allemagne, puissance mondiale, pays industriel et commercial ; de l'autre, les Magyars, les Roumains, les Serbes, les Bulgares, les Albanais, les Grecs, peuples exclusivement agricoles... Par cet accord, tout le commerce de l'Orient, de la Syrie et de la Mésopotamie tomberait entre nos mains... non seulement un marché pour les produits industriels de la mère-patrie, mais aussi un point d'appui et une ouverture pour notre expansion vers l'Extrême-Orient et l'Afrique. »

Naturellement aucune de ces aspirations n'est présentée revêtue d'une autorité officielle. N'ayant pas fait l'objet d'une contradiction elles paraissent posséder une certaine sanction. Certainement elles n'ont jamais été désavouées par le gouvernement impérial allemand. Partiellement même elles ont reçu une très haute confirmation. Le prince de Bulow, par exemple, n'écrit-il pas : « Nous avons soigneusement cultivé de bonnes relations avec la Turquie et l'Islam, spécialement depuis le voyage en Orient de l'empereur et de l'impératrice. Ces relations ne sont pas de nature sentimentale, car la continuation de l'existence de la Turquie sert notre intérêt au point de vue industriel, militaire et politique. Industriellement et financièrement, la Turquie nous offre un riche et fertile champ d'activité... que nous avons cultivé avec profit », et il conclut en exprimant la confiance de l'Allemagne en la Turquie « dans l'éventualité d'une guerre européenne générale », tandis que pour l'Autriche, la Turquie est décrite comme le « voisin le plus commode ». Car pour le prince de Bulow, l'opinion de Bismark que la Turquie et les Balkans ne valaient pas les os d'un seul grenadier poméranien, n'est plus de mise. En fait, c'était vers l'Orient qu'il tournait son regard.

« Aucun homme intelligent », déclare-t-il, « n'admettra l'idée de recouvrer une influence politique ou nationale sur les territoires du Sud et de l'Ouest que nous avons perdus il y a tant de siècles. » Pour ces pertes, dit-il, « des compensations nous sont offertes par la Providence en Orient ». « Ces possessions », conclut-il, « nous devons les retenir et nous les retiendrons. » Mais le prince de Bulow n'a jamais été un avocat d'une petite Allemagne. « Les successeurs de Bismark, déclare-t-il au Reichstag le 14 novembre 1906, « ne doivent pas imiter, mais développer sa politique. Si le cours des événements nous demande de dépasser les limites des objectifs de Bismark, nous ne devons pas hésiter à le faire. »

S'il y a eu en fait, comme l'affirment des hommes d'état allemands, un « encerclement » de l'Allemagne, faut-il s'en étonner, en vue d'une proclamation franche des projets allemands d'expansion territoriale ? Aucune partie du monde n'a été considérée comme étant à l'abri d'une attaque. « Pour nous », dit Tannenberg, il est d'un intérêt vital d'acquérir un empire colonial qui nous permette de rester indépendants de la bonne volonté de nos concurrents, nous offre un marché pour nos produits et notre industrie et nous donne la possibilité de nous procurer les matières premières si nécessaires et si précieuses dont nous avons maintenant besoin. Je cite seulement comme exemple le besoin de coton. Peu importe ce qu'il pourra nous en coûter. Il est essentiel que nous ayons ces colonies et nous les aurons. Que ce soit au détriment de l'Angleterre ou de la France, c'est seulement une question de pouvoir et peut-être aussi de moindre risque. »

Jusqu'à quel point il convient de courir un risque, nous pouvons en juger par ce fait que Tannenberg se plaint de la politique de Bismark qu'il qualifie de « sénile », parce que dès 1885 il ne mit pas la main sur Cuba et les Philippines, sur Cuba surtout, « la perle des Antilles », aussi grande que la Bavière, le Wurtemberg, le grand-duché de Bade et l'Alsace réunis ; Cuba qui, affirme Tannenberg, « valait bien une petite guerre ! »

Et il n'abandonne pas cette question sans ajouter une insulte à l'adresse des citoyens des Etats-Unis qui sont d'origine allemande et auxquels il dit : « La position de Cuba par rapport à l'Amérique du Nord aurait créé de nouvelles relations entre le peuple allemand et les dix millions d'émigrants allemands domiciliés aux Etats-Unis ; et par sa situation, elle nous aurait donné la prépondérance dans le golfe du Mexique. »

« Après tout », continue cette exhortation ouverte à l'agression, « la politique est une affaire », opinion qui rappelle la remarque du prince de Bulow que

« la politique est un rude commerce dans lequel les âmes sentimentales réussissent rarement à réaliser la plus petite affaire ». « La justice et l'injustice », continue Tannenberg, « sont des notions qui sont seulement nécessaires dans la vie privée. » Et cependant il plaide qu'il est « injuste » que de petits états comme la Belgique et la Hollande possèdent de riches colonies et jouissent d'une richesse *per capita* presque double de celle dont jouissent les sujets de l'empire allemand « simplement parce que ces deux pays ne sont pas sous les armes comme nous ». « Aussi », dit-il, « ils capitalisent leurs économies et nous rient au nez ». Mais pourquoi les Allemands n'en feraient-ils pas autant ? L'impérialisme économique serait-il donc une mauvaise affaire ?

Il serait facile, déclare Tannenberg, de la rendre bonne. Songez au Luxembourg avec une force militaire totale de seulement 323 soldats et officiers, c'est-à-dire un homme sur mille habitants. Et la Belgique, riche en colonies, grand centre d'industrie et de commerce avec son charbon et son fer et un papier pour toute protection ! D'ailleurs la Belgique, il prend soin de nous le rappeler, « fit autrefois partie de l'empire allemand ».

Une question qui éveille de très sérieuses réflexions est exposée dans l'appendice de ce remarquable ouvrage qui contient le texte des traités qui seront conclus lorsque la guerre pour la conquête de l'Europe aura pris fin. Par l'imaginaire traité de Bruxelles rédigé en 1911, la France cède à l'Allemagne les Vosges avec Epinal ; la Moselle et la Meuse avec Nancy et Lunéville ; la ville de Verdun et les Ardennes avec Sedan.

De plus la France donne asile aux habitants de ces territoires et les établit quelque part dans ses propres frontières afin de faire place aux colons allemands. La France donne son consentement à l'incorporation de la Belgique, de la Hollande, du Luxembourg et de la Suisse dans l'empire d'Allemagne ; elle cède à l'Allemagne les douze milliards de francs prêtés à la Russie ; elle abandonne à l'Allemagne toutes ses colonies et paie comptant une indemnité de trente-cinq milliards de marks.

Par le traité également imaginaire de Riga, en 1911, la Russie cède de vastes territoires à l'Allemagne, crée un royaume de Pologne sur son propre territoire, dans lequel les polonais prussiens chassés de la Pologne prussienne pourront venir habiter. La Russie accepte l'incorporation dans l'empire allemand de l'Autriche cédée par les Habsbourg aux Hohenzollern. Pour induire l'Angleterre à sanctionner ces arrangements, les colonies françaises et portugaises doivent être par ces traités partagées entre les deux empires sur la supposition que la neutralité britannique serait ainsi assurée.

En citant ces documents, qui découvrent si franchement le rêve d'expansion pangermaniste, nous n'avons pas l'intention de dire, comme le fait André Chéradame, que ces projets étaient caressés par les autorités officielles les plus hautes de l'empire d'Allemagne. Cependant n'est-il pas troublant, comme il le fait remarquer, que 95 % du programme entier de la propagande pangermaniste, en ce qui concerne l'Europe au moins, ait été déjà temporairement réalisé malgré une opposition inattendue ?

Ce qui est bien plus décourageant au point de vue de la société internationale, c'est le fait que la philosophie officielle de la Prusse qui, comme nous le rappelle le prince de Bulow, « atteignit sa grandeur comme pays de soldats et de fonctionnaires... et est encore aujourd'hui dans son essence un état de soldats et de fonctionnaires » — c'est que la philosophie prussienne officielle régente aujourd'hui l'intelligence et l'industrie allemandes. Cette philosophie est explicitement définie par l'ancien chancelier impérial dans les mots suivants :

« C'est une loi de la vie et du développement de l'histoire, que lorsque deux civilisations nationales se rencontrent, elles engagent la lutte pour la suprématie. Dans cette lutte entre nationalités une nation est le marteau et l'autre l'enclume, l'une est le vainqueur et l'autre le vaincu. »

CHAPITRE IV

LA VISION D'UNE RÉPUBLIQUE

Position des grandes puissances vis-à-vis du problème international. — La Russie, l'Angleterre et la France. — Les Dominions britanniques. — L'Allemagne et la prétendue conspiration européenne. — Les rapports Anglo-allemands de 1890 à 1914. — Ce que le Kaiser avait sur son bureau le 1ᵉʳ août 1914.

Tant que les gouvernements revendiqueront le droit pour un état fort de soumettre et d'exploiter contre ses intérêts un état plus faible, il n'y aura aucune harmonie internationale et le monde sera encore exposé aux ravages de guerres périodiques. C'est pourquoi l'attitude des grandes puissances dans cette question est de la plus grande importance, car elle déterminera le sort de la civilisation ; mais l'attitude de toutes ces puissances à l'exception des gouvernements les plus absolus, sera affectée par l'opinion prédominante des esprits réfléchis.

Il y a donc un grand intérêt à rechercher quelle est l'attitude actuelle des grandes puissances, dont les décisions détermineront la future paix du monde, en ce qui concerne les droits des petites nations et de ces possessions coloniales qui furent souvent dans le passé si cruellement exploitées pour le seul bénéfice de leurs maîtres.

En un mot, y a-t-il vraiment des pouvoirs qui consentent à accepter une décision pacifique au sujet de leurs propres droits vis-à-vis des états plus faibles, et à se soumettre volontairement dans leur conduite générale à des principes de droit et d'équité? De la réponse à cette question dépend tout le problème d'une organisation internationale même partielle et la perspective d'arriver à éliminer le contrôle militaire des affaires internationales. Mais même si un certain nombre de puissances étaient prêtes à appliquer des principes strictement moraux dans la conduite de leurs affaires, sans jeter leur épée dans la balance, il ne s'ensuivrait pas qu'on en aurait entièrement fini avec le militarisme ; car tant qu'il resterait dans le monde une seule puissance militaire formidable persistant à employer la force pour son avantage matériel et refusant de recourir à des moyens pacifiques pour résoudre les conflits d'intérêt, il serait encore nécessaire pour les nations prêtes à éviter les solutions militaires de s'armer défensivement et peut-être d'unir leurs forces dans un intérêt de sécurité et de justice.

Ce serait cependant déjà le commencement d'une ère nouvelle, si quelques grandes puissances étaient suffisamment éclairées pour voir que l'impérialisme économique est un anachronisme et que leurs véritables intérêts seraient mieux servis par une union faite en vue d'établir non un équilibre de forces, mais une prépondérance décisive de forces qui établirait un

système de rapports légaux, de politiques concilia-
trices, et qui ferait de toute action militaire une mauvaise affaire et une dangereuse aventure.

Il ne serait certainement ni sage ni juste de limiter
d'une manière quelconque l'étendue de l'union internationale, n'était ce fait que, jusqu'à ce que de profonds changements se produisent, une union universelle paraît impossible. Il n'y a pour le moment aucune
opinion unanime parmi les nations au sujet d'une base
quelque peu sérieuse d'une société des états. Aucune
proposition en ce sens n'a encore été faite dans aucune
conférence internationale. Quelques puissances ayant
soutenu que l'état est à lui-même sa propre loi et qu'il
n'existe aucune règle qu'il soit obligé de respecter, il
a été impossible même de simplement suggérer que
des états souverains pourraient être mis hors la loi.
S'il n'existe en effet dans le monde aucune loi qui soit
au-dessus des états et si les états sont impuissants à
la créer sans consentement général, alors évidemment
aucun état ne peut être mis hors la loi, car il n'y a
point de critérium pour déterminer la légalité de sa
conduite.

Mais cela se trouvera possible pour une union d'é-
tats en voie de formation si elle peut déterminer quelle
loi régira ses membres : il sera alors possible pour
eux d'exclure tout état n'acceptant pas cette loi. Si la
formation de la société civile avait été suspendue jusqu'à ce que tous les brigands et tous les cambrioleurs
de la communauté eussent approuvé une loi contre le
vol, la société civile n'aurait jamais vu le jour. Le seul

moyen qu'il existe un jour une véritable société d'états
est donc que les grandes puissances qui y trouveront
un intérêt commun suffisant s'unissent avec la résolution d'observer elles-mêmes les principes de justice
et d'équité et de mettre en commun leurs forces pour
les défendre.

Il serait bon qu'au moment de la conclusion de
la grande guerre, ou même avant si c'est possible,
quelques principes fondamentaux puissent être posés,
que les belligérants accepteraient comme éminemment justes et équitables et par lesquels ils se con-
sidéreraient solennellement comme liés. Une paix
durable n'apparaît possible sur aucune autre base.
Toute autre solution ne serait qu'un simple armis-
tice ; car quel qu'ait pu être son caractère au début,
la guerre est devenue « un conflit de principes », une
bataille pour la loi et le droit d'un côté et pour le
pouvoir arbitraire de l'autre.

Si le conflit est véritablement une lutte pour une
organisation équitable des relations internationales,
il est de la plus haute importance pour la cause de la
civilisation que les principes indispensables à une
véritable société d'états soient clairement formulés,
et, autant que possible, acceptés dès maintenant, pendant que la lutte continue. Ceux qui font profession
de les défendre ne devraient pas hésiter à s'engager
solennellement eux-mêmes à les respecter et à leur
obéir. Nous connaîtrions alors avec une plus grande
certitude quels sont réellement les desseins et les
ambitions des belligérants.

Dans un livre sur la « La Guerre de la Démocratie »,
le vicomte Bryce, dont les écrits et la personnalité sont
tenus en très grande estime dans ce pays, emploie
comme sous-titre l'expression : « La Lutte pour une
Europe nouvelle ». Quelle est donc cette nouvelle
Europe pour laquelle, nous assure lord Bryce, les
nations de l'Entente sont en train de lutter ? Implique-
t elle simplement quelques changements de géogra-
phie politique ? Cela ne saurait satisfaire les esprits
réfléchis, car une simple modification de frontières,
quelque raisonnable qu'elle puisse paraître, à un
moment donné, ne trouvera de garantie de permanence que dans la force des armes jusqu'à ce qu'un
meilleur système de relations internationales soit
adopté. Est-ce alors pour une simple forme de gouvernement que se battent les alliés ? Mais qui donc
possède une autorité suffisante pour imposer à l'Europe une constitution politique particulière et qui
peut nous assurer que la démocratie universelle serait
toujours sage, juste et paisible ? Non, c'est quelque
chose de plus profond que ces changements exté-
rieurs que cet historien et cet homme d'état expéri-
menté a dans l'esprit lorsqu'il parle de « la signification fondamentale de la lutte pour une Europe
nouvelle ». « La guerre actuelle », ajoute-t-il, « diffère
de toutes celles qui ont déjà eu lieu non seulement
par sa vaste extension et par la somme de misère
qu'elle a apporté au monde, mais aussi par ce fait
que c'est une guerre de principes, une guerre dans
laquelle se trouvent impliqués, comme ils ne l'avaient

jamais été auparavant, les intérêts permanents non seulement des belligérants mais de toutes les nations. »

On ne saurait naturellement prétendre que la guerre actuelle ne soit, des deux côtés, qu'un championnat purement altruiste de simples principes abstraits. Du côté des puissances de l'Entente comme du côté des puissances centrales des intérêts nationaux immédiats d'une grande conséquence se trouvent en jeu. Mais ceci ne veut pas dire que dans ses principes fondamentaux et ses conséquences ultimes la lutte ne puisse, dans un certain sens, concerner l'humanité tout entière. Notre propre pays a été déjà si vitalement affecté par elle, et se trouve maintenant si profondément impliqué dans toutes ses conséquences, que nous ne pouvons considérer la destinée de ces principes avec indifférence. Ce qui est véritablement surprenant pour nous, dans ce pays, c'est que deux grands empires, l'Angleterre et la Russie (1), et la République Française qui par deux fois a étouffé elle-même l'esprit d'impérialisme et affirmé à nouveau son amour de la liberté, sont maintenant solidement unis et combattent ensemble le combat de la démocratie. Soudain, grâce au mystérieux travail d'une influence intangible, toute puissante et se faisant sentir partout, nous avons contemplé cet alignement inattendu de nations dans lequel se manifeste une

(1) Ce livre a été écrit avant les développements de la révolution russe. (N. du T.)

7

répudiation presque générale du passé, une réaffirmation des droits les plus hauts de l'humanité et un
esprit de sacrifice qui est un sujet d'étonnement pour
tous ceux qui en sont les témoins. Il reste encore à
engager une bataille plus sublime qu'aucune autre
déjà livrée au nom de la démocratie, parce qu'elle
sera une bataille pour ce qui donne à la démocratie
son indestructible vitalité — la dignité essentielle de
la personne humaine et son droit inhérent à la liberté,
à la justice et au pardon des hommes entre eux. Il
ne s'agit plus ici ni d'une aventure de tribu, ni d'une
agression en vue d'une expansion territoriale, ni
d'une recherche de nouveaux marchés et de ressources inexploitées, ni d'une aspiration à la supré·
matie mondiale. Il s'agit d'une réclamation humaine
appuyée par les armes pour que dans l'avenir le
monde soit réglé de telle sorte que des peuples innocents et pacifiques puissent vivre sous la protection
de la loi, puissent compter sur la sainteté des traités,
puissent être assurés de leur indépendance et de leur
droit de se gouverner eux-mêmes et que tous les
peuples puissent jouir librement de l'usage des mers
et des océans que la nature nous offre pour qu'ils
soient les grandes avenues du commerce paisible et
des relations fécondes de l'humanité.

A son début, la guerre européenne fut sans aucun
doute un conflit d'intérêts nationaux et techniques,
une lutte pour le contrôle futur de la péninsule balkanique et des débris de l'empire ottoman en voie de
désagrégation. Le trophée devait-il devenir la pro-

priété du Teuton ou du Slave ? L'assassinat de Séra-
jevo et le rôle attribué à la Serbie furent seulement
un signal et un prétexte pour commencer un drame
dont toute la mise en scène était déjà soigneusement
réglée et dans lequel on pensait que tous les rôles
étaient judicieusement distribués. L'Allemagne vou-
lait une guerre brusque et courte, dans laquelle le
prix principal serait gagné par un effort relativement
petit, sans préjudice des gains accessoires. Mais des
intérêts se trouvèrent lésés et des forces furent ébran-
lées qui n'étaient pas entrés dans les calculs des
agresseurs. Ce fut l'apparition inattendue de ces
forces nouvelles et la nature de la résistance rencon-
trée au cours de la guerre, qui changea entièrement
son caractère et en fit une guerre de principes ; car
le développement du conflit découvrit une antinomie
de conceptions au sujet de questions d'un intérêt général humain qui n'avaient pas été jusque-là soupçon-
nées. On découvrit soudain que tout le système de
lois, de traités et d'obligations humaines sur lequel on
avait compté pour fournir une base solide à la société
civilisée, manquait complètement de solidité ! Dans la
débâcle générale, les espérances, les croyances, les
amitiés même grâce auxquelles le xxᵉ siècle naissant
envisageait heureusement les questions internationales, furent soudain balayées. Il est inutile de nous
arrêter sur des barbaries sur terre et sur mer qui, il
y a quelques années, eussent semblé incroyables. Nos
pensées doivent prendre une voie plus profonde. Nous
devons nous pénétrer de cette idée que nous n'avons

pas à nous occuper de simples incidents, mais des causes profondes dont ils ne sont que la manifestation extérieure.

Si les postulats de l'impérialisme économique sont corrects, il n'y a rien d'anormal dans toutes ces destructions, ces sacrilèges et ces massacres qui ont révolté tant d'esprits et de consciences ; car, ces postulats étant accordés, le pouvoir souverain agit dans la plénitude de ses droits et se trouve même engagé dans l'exécution solennel de son devoir sacré. Il n'y a par conséquent, ce point de départ admis, pas d'autre alternative pour nous que de nous armer, de creuser des mines, de nous fortifier, de nous retrancher en répudiant l'internationalisme et en mettant notre unique confiance dans nos moyens physiques de défense.

En vérité, il n'y a plus en face des nations que deux alternatives : ou le rétablissement de l'existence internationale sur des fondations plus solides que celles fournies par la rivalité militaire et la suprématie du pouvoir national, — ou un retour à l'existence des troglodytes. Si le monde peut échapper à une anarchie internationale permanente, ce ne sera que si les gouvernements se décident à accepter et à respecter loyalement certains principes de justice et d'obligation mutuelle sous forme d'une constitution de la civilisation dans laquelle seront reconnus les droits et les devoirs réciproques des nations séparées.

Il est dans le pouvoir de quelques grandes puissances d'adopter et de maintenir de tels principes. Elles le feront lorsque les masses populaires, parlant

au nom de leur droit souverain, déclareront que leurs
gouvernements doivent les accepter et s'y conformer.
Si c'est cela que veut dire Lord Bryce quand il parle
de la « Guerre de la Démocratie », il lance un appel
à tous les esprits réfléchis de chaque nation civilisée ;
car la conception démocratique basée comme elle l'est
sur les droits de l'homme est la seule véritable source
de loi également pour le droit des états. Seule elle
s'adapte à cette extension générale qui nous ouvre une
vision d'une république de l'humanité dans laquelle
toutes les nations insoucieuses de frontières territoriales pourront à bon droit réclamer une place.

Y a-t-il donc des nations qui soient préparées à se
laisser guider par cette vision, à renoncer à leurs
aspirations à la suprématie mondiale et à s'unir
entre elles pour la création d'une pareille république ?

C'est un fait intéressant que non seulement le peuple
russe ait renversé l'autocratie, mais qu'au milieu
d'une grande crise, une autre puissance que le monde
regardait comme impériale ait ouvertement reconnu
qu'elle avait, par les forces de son propre développement national, cessé d'être un « empire » dans le
vieux sens du mot, et était devenue une confraternité
de communautés libres se gouvernant virtuellement
elles-mêmes.

La guerre actuelle a révélé à la Grande-Bretagne et
au monde entier, que la force britannique ne consiste
pas maintenant dans l'exercice d'un *imperium*, mais
dans la reconnaissance des libertés essentielles et

des droits égaux de ce que les hommes d'état britanniques les plus autorisés appellent maintenant les « colonies autonomes » ; et il est particulièrement intéressant de voir un conservateur, comme Bonar Law, dire que ce qui était impossible avant la guerre sera facile après et que les rapports des Dominions avec la mère-patrie ne seraient jamais plus ce qu'ils étaient autrefois. C'est, en fait, une confédération de républiques autonomes se gouvernant elles-mêmes, plutôt qu'un empire dans le sens propre du mot que nous voyons entrer dans l'existence par cette transformation interne de l'empire britannique. Buts communs, sécurité commune, intérêts communs, et idées communes — telles sont les fondations de cette confraternité. Ce n'est point un appel de clairon qui sur un ordre impérial a amené des troupes de chaque point du globe pour participer avec la Grande-Bretagne à la lutte actuelle, mais la conviction commune que la démocratie est en danger et que les nations libres doivent s'unir. Un historien anglais écrit, au milieu de la guerre :

« Ce temps est un temps d'épreuve pour la démocratie. Le peuple de la Grande-Bretagne et des Dominions, que le monde entier regarde comme les gardiens, avec la France et l'Amérique, des grandes traditions démocratiques, sont pour la première fois mis en face de leur pleine et entière responsabilité comme citoyens anglais. Selon la manière dont cette responsabilité sera réalisée et dégagée dépendra l'avenir du principe démocratique, non seulement dans ces îles, mais partout dans le monde. »

Et c'est la conviction des Dominions elles-mêmes. Au grand étonnement du monde, pas une n'a manqué à l'appel. Sir Clifford Sifton a dit dans un discours à Montréal :

« Le Canada qui n'est lié ni par la constitution, ni par la loi, ni par l'équité ou par une obligation, a décidé de faire la guerre. Nous avons levé une armée. Nous avons envoyé à l'Angleterre la plus grande armée qui ait jamais traversé l'Atlantique, pour qu'elle prenne part aux batailles de l'Angleterre. Nous nous sommes mis en opposition avec de grandes puissances. En ce moment, nous entraînons et nous équipons une armée plus nombreuse que les forces réunies de Wellington et de Napoléon à la bataille de Waterloo. »

L'Australie, la Nouvelle-Zélande, l'Afrique du Sud, l'Inde elle-même, ont volontairement répondu de la même manière. Mais elles ont fait cela non comme possessions impériales, mais en tant que nations virtuellement indépendantes, sûres d'elles-mêmes, confiantes dans leur avenir, et inspirées par la vision d'une union dans laquelle elles sont sûres d'être toujours des participants libres et indépendants. Des plus lointaines parties du monde ils se sont rassemblés « pour honorer leur lien volontaire, sans obéir à aucun calcul ; et les champs de leur dernier sacrifice où ils reposent dans une camaraderie trop étroite et une paix trop profonde pour être troublées, sont l'image et le symbole de la cause pour laquelle ils sont tombés ».

Mais dans toute cette belle conscience de l'unité britannique il n'y a pas la plus légère nuance d'influence réellement impériale. Le Canadien et l'Australien ne désirent pas être considérés comme Anglais ; ils en seraient même quelquefois fâchés. Il y a entre eux des traditions communes ; mais ce ne sont pas simplement des traditions de race, de langage ou de religion. Ce sont surtout des traditions de liberté. Ce n'est pas l'état qui les retient ensemble ; c'est la conviction que tout ce qui rend l'état digne d'être sauvé c'est la protection qu'il offre à la liberté, la valeur qu'il donne à la vie individuelle.

Mais une pareille inspiration ne saurait jamais finir dans un nationalisme sombre et têtu. Elle ressent une parenté plus large et cherche à réaliser une association plus étendue. Elle donne une unité à la nation tout en aspirant vers les amitiés et les affinités internationales. Elle tend à établir la plus grande « Commonwealth » des nations. Elle aspire à une place dans un système. Et le même canadien qui disait que le Canada était prêt à prendre part aux batailles de l'Angleterre, disait au même moment : « Je vous dis que le Canada doit maintenant faire figure de nation.... Les nations vous diront que, si vous pouvez lever des armées pour faire la guerre, vous pouvez administrer vos propres affaires et nous n'aurons pas à en référer à la tête de l'Empire ; nous désirons que vous répondiez directement à nos questions. »

Par la force de son propre et libre développement

la démocratie doit devenir internationale. D'aucune autre manière elle ne peut réaliser sa propre sécurité ou atteindre son idéal. « Il est nécessaire », dit un écrivain canadien, « de déclarer en toute hâte... que les raisons d'agrandissement national et d'inimitié nationale doivent être subordonnées au désir des avantages plus grands, conséquences de la paix et de la bonne volonté internationale. » Aussi jamais les colonies autonomes n'entreront dans une guerre au nom de l'Empire dans lequel elles n'ont pas une voix.

Le Haut-Commissaire de la Commonwealth australienne, M. Andrew Fischer, dit à son arrivée à Londres :

« Si j'étais resté en Ecosse, j'aurais pu harceler mon député sur des questions de politique impériale et voter pour ou contre lui sur ce terrain. J'allais en Australie et je devins premier ministre. Mais je n'eus jamais un mot à dire sur la politique impériale — pas le moindre mot. Aujourd'hui, cela ne peut continuer ainsi. Il doit y avoir un changement. »

En avril 1916, à la conférence des puissances de l'Entente tenue à Paris, le sentiment d'une république s'élargit, et cette réunion, a-t-on dit, prit la forme d'un « parlement législatif de France, Russie, Angleterre, Italie, Belgique, Serbie, Japon et Dominions anglaises autonomes ». La question discutée fut la solidarité financière pendant la guerre actuelle et même après. Une partie de l'exclusivisme qui se manifesta au cours de la conférence peut se dissiper, et sera en tout cas certainement diminué après la guerre, mais il se pourra bien que, « si les accords faits à la suite de cet événement supportent l'épreuve du temps, ils nous débarrasseront de cet esprit d'opposition qui fait que des nations différentes ne peuvent agir en harmonie pour leur avantage mutuel dans des questions internationales ».

Trois de ces nations, l'Angleterre, la France et la Russie doivent être dorénavant unies et liées comme on ne l'aurait jamais cru possible avant la guerre, par un nouveau sens de la valeur et de la signification de la démocratie. Elles conserveront des relations qui leur permettront après la guerre de cesser les armements excepté pour leur propre défense commune. Avec l'appui sincère d'autres nations pour des fins communes il n'y aura plus de place dans le monde pour un impérialisme économique dans sa forme existante. Il serait en vérité déplorable qu'une nouvelle réplique de l'impérialisme économique se manifestât plus tard, par une politique puissamment organisée de prohibition commerciale qui n'aurait d'autre résultat que de prolonger la lutte internationale sur le terrain économique. Mais un pareil projet ne paraît pas servir les intérêts les plus élevés de ces puissances. Lorsque cette question se posera au moment de la discussion des traités de paix, il est probable qu'elle sera heureusement écartée.

Si nous considérons son passé, il est impossible de décharger l'empire britannique du reproche d'impérialisme économique. Aucune nation n'a été plus

constamment poussée que la Grande-Bretagne par
l'esprit de commercialisme soutenu par la force militaire. La faute est franchement admise par ses propres
historiens. Le professeur Ramsay Muir écrit :

« Ce motif fut présent dans beaucoup de nos guerres
et il fut prédominant chez nous beaucoup plus peut-
être que chez d'autres peuples, depuis l'époque où
nous combattîmes pour jeter à bas le monopole espa-
gnol des tropiques de l'Ouest jusqu'au moment où
nous déclarâmes deux guerres à la Chine simplement pour nous ouvrir les portes de ce vaste marché. »

Mais la Grande-Bretagne a appris la leçon de l'expérience. Il n'est pas juste de blâmer une nation progressive et libérale pour les actes du passé, alors que
d'autres règles de conduite étaient généralement
admises, et lorsque les rivalités nationales étaient
rendues nécessaires par les conditions de l'époque.
La question urgente est celle-ci : Ces conditions conti-
nueront-elles toujours ? Aujourd'hui, la Grande-Bretagne répond : non.

Le Gouvernement impérial allemand allègue que
dès avant 1914 il y avait une conspiration à la tête de
laquelle se trouvait la Grande-Bretagne pour supprimer « la liberté de l'évolution nationale » de l'empire
allemand et pour refuser de reconnaître « la liberté
des mers ».

Que signifient donc cette « liberté de l'évolution nationale » et cette « liberté des mers » ?

Visant à devenir une puissance mondiale, l'Allemagne a désiré d'avoir la liberté complète d'acquérir de nouveaux territoires dans toutes les parties du monde sans être soumise à l'opposition des autres puissances. Des portions de chaque continent sont indiquées sur la carte comme futures possessions allemandes. « L'Empire allemand », dit Franz von Liszt, « n'a pas encore acquis le titre de puissance mondiale, car il est loin d'être comparable à l'Angleterre et à la Russie, soit par le nombre des habitants ou par l'indépendance de sa vie économique. Encore moins l'Autriche-Hongrie peut-elle prétendre à ce titre. » « L'obtenir cependant est », pense-t-il, « une légitime aspiration des empires centraux. Il se produira naturellement », admet-il, « une opposition de la part des autres pays ; mais le but est digne de l'efffort. » « La suprématie du monde », dit-il, « appartient à la puissance qui par sa configuration géographique, l'étendue de son territoire et le chiffre de sa population, possède une complète indépendance économique. » Les Allemands réclament tout cela comme leur légitime héritage. Leur force, croient-ils, leur crée un droit. Ils se proclament eux-mêmes combattants pour la suprématie mondiale.

Et « la liberté des mers », que signifie-t-elle ? Elle signifie que le gouvernement impérial allemand la comprend comme le privilège non contrarié d'obtenir un empire colonial par les moyens de la puissance maritime.

Pour réaliser une pareille ambition aucun rival susceptible d'y mettre un obstacle ne doit être toléré.

Parlant de la puissance maritime de l'Angleterre, un écrivain allemand dit :

« La guerre entre elle et nous... tourne sur la maîtrise de la mer et les avantages sans prix qui en sont la conséquence. La coexistence de deux états, dont rêvent quelques utopistes, est réglée aussi définitivement que la coexistence de Rome et de Carthage. L'antagonisme entre l'Angleterre et l'Allemagne persistera donc jusqu'à ce que l'une des deux morde la poussière. »

C'est cette incessante provocation à la guerre et cette absence de disposition marquée à accepter les possibilités de paix qui ont rendu si difficile aux autres peuples la compréhension de l'esprit de l'Allemagne, qui ont empêché ceux qui désiraient être ses amis d'expliquer et de défendre l'attitude allemande envers les autres nations. L'empereur allemand lui-même n'a pas hésité à lancer le défi à toutes les puissances maritimes : « Je ne connaîtrai pas de repos », a-t-il dit, « avant d'avoir élevé ma marine à un niveau semblable à celui de mon armée. » Quant à la raison de cette détermination, il déclare franchement : « Les ambitions coloniales allemandes ne pourront se réaliser que le jour où l'Allemagne sera la maîtresse de l'Océan. »

Qu'avait donc fait l'Angleterre avant août 1914, pour mériter cette accusation d'irréconciliable hostilité ? Aucun signe d'un pareil antagonisme ne se manifestait en 1890 lorsque pour le protectorat de Zanzibar l'Angleterre rendit l'île d'Héligoland à l'Allemagne ;

ou en 1895 lorsque cette citadelle devint l'entrée fortifiée du canal de Kiel à son point terminus nord. Même lorsque la première loi d'accroissement naval fut mise en vigueur en 1900, le trouble ne fut pas grand en Angleterre. La première indication que les appréhensions anglaises étaient éveillées fut la construction par l'Angleterre du premier dreadnought en 1905. Mais, même en 1907, l'Allemagne se livrait à des professions de foi publiques sur la loyauté et générosité de sa rivale anglaise. « Partout dans le monde », dit un représentant du ministère des Affaires Étrangères impérial allemand, au mois d'août de cette année, à une délégation de journalistes anglais, « partout où la Grande-Bretagne a placé une contrée sous son influence, elle n'a jamais supprimé les relations commerciales avec les autres pays, comme bien des nations l'ont fait ailleurs à leur détriment. Vous avez toujours consacré vos énergies et vos peines à la mise en valeur des moyens de production du pays, le menant dans la voie de la civilisation et du progrès. Vous n'avez jamais exclu les autres pays des territoires placés sous le protectorat britannique ; vous leur avez au contraire permis de travailler près de vous. Votre politique est en train de célébrer maintenant un de ses plus grands triomphes en Egypte. »

L'été suivant se réunit la seconde conférence de La Haye. La Grande-Bretagne proposa la limitation des armements sur mer, mais par déférence pour les désirs des délégués allemands la proposition fut for-

mellement enterrée avec des honneurs funèbres rendus dans un esprit de considération amicale par le
président russe de la conférence.

L'intérêt ardent provoqué dans les milieux militaires allemands par la construction des dirigeables
Zeppelin en 1908 troubla sans aucun doute l'opinion
anglaise, car c'était une invention qui, croyait-on en
Allemagne, pourrait flotter triomphalement au-dessus
de la flotte anglaise et réduire à merci les villes de la
côte et Londres lui-même. Mais l'Angleterre, alors
sous un gouvernement libéral, n'était pas disposée à
la guerre. Elle renouvela la proposition d'un arrêt
temporaire des constructions maritimes, appuyée par
l'insistance des Etats-Unis. En 1914, un traité avait
réglé à l'amiable l'affaire du chemin de fer de Bag-
dad. Même le 29 juillet 1914, trois jours avant la déclaration de guerre allemande, l'Angleterre était si
loin d'être considérée en Allemagne comme la che-
ville ouvrière d'une conspiration que le gouvernement impérial allemand espérait obtenir la neutralité
complète de la Grande-Bretagne dans la guerre qu'elle
allait déclarer à la Russie et à la France, à la condition que l'Allemagne se contenterait de ne prendre à
la France que ses colonies en respectant l'intégrité
de son territoire sur le continent. Si grande était
alors la confiance allemande dans le désir de paix de
l'Angleterre qu'on pensait qu'elle consentirait passivement à la prise des colonies françaises par l'Allemagne sans même exiger un pourboire en compen-
sation de son indulgence !

Il peut être utile de rappeler quelle était la situation lorsque l'empereur d'Allemagne déclara la guerre à la Russie le 1er août 1914. Ecartant pour le moment de notre esprit toutes les questions concernant les causes profondes de la guerre, et sans essayer de porter un jugement sur aucune des éventualités qu'elle impliquait, fixons notre attention sur la situation militaire telle qu'elle se présentait ce jour fatal où tout le mécanisme de l'Europe se brisa soudain.

Nous passons sur l'ultimatum à la Serbie, l'invasion autrichienne du territoire serbe et la résolution de la Russie de protéger le petit état slave ou tout au moins de ménager une occasion pour s'expliquer sur son cas considéré comme une question d'intérêt européen, ce qui aurait peut-être permis d'éviter un conflit armé. Le 1er août, l'empereur d'Allemagne avait en main les documents suivants :

1° Un télégramme du tsar daté du 30 juillet disant : « Les mesures militaires qui sont maintenant en train de se réaliser ont été décidées il y a cinq jours pour des raisons défensives et à cause des préparatifs autrichiens. J'espère de tout mon cœur qu'elles n'apporteront aucun obstacle à votre rôle de médiateur que j'apprécie hautement. »

2° Une instruction télégraphique de sir Edward Grey, datée du 30 juillet, priant sir Edward Goschen, l'ambassadeur anglais à Berlin de dire au chancelier impérial allemand « très sérieusement » que « le seul moyen de maintenir les bons rapports entre l'Angleterre et l'Allemagne, est qu'elles continuent à travailler de concert pour conserver la paix de l'Europe. Si nous réussissons à réaliser cet objet, les relations mutuelles de l'Allemagne et de l'Angleterre seront, je pense, *ipso facto* améliorées et fortifiées... Et je dirai ceci : si la paix de l'Europe peut être préservée, et la crise actuelle surmontée, je ferai tous mes efforts pour favoriser un arrangement dans lequel l'Allemagne serait partie contractante et qui lui donnerait l'assurance qu'aucune politique agressive ou hostile ne sera poursuivie contre elle ou contre ses alliés, par la France, la Russie et nous-même. »

3° Un télégramme, daté du 31 juillet, de M. Sazonoff, ministre russe des Affaires Etrangères disant : « Si l'Autriche est d'accord pour arrêter l'avance de ses troupes en territoire serbe ; si, reconnaissant que la dispute entre l'Autriche et la Serbie est devenue une question d'intérêt européen, elle est disposée à permettre aux grandes puissances d'examiner la question et de décider quelle satisfaction la Serbie pourrait offrir au gouvernement austro-hongrois sans porter atteinte à ses droits d'état souverain ou à son indépendance, la Russie continuera à garder son attitude d'expectative. »

4° Un télégramme du 31 juillet de sir Edward Grey, disant : « Si l'Allemagne pouvait faire une proposition raisonnable prouvant clairement que l'Allemagne et l'Autriche travaillent à préserver la paix européenne et que la Russie et la France soient assez déraisonnables pour la rejeter, je l'appuierai à Saint-Pétersbourg et à Paris et je vais jusqu'à dire que, si la Russie et la France ne l'acceptaient pas, le gouvernement de Sa Majesté serait obligé de se désintéresser des conséquences. »

5° Un télégramme du comte Berchtold, ministre des Affaires Étrangères d'Autriche-Hongrie à toutes les ambassades et légations austro-hongroises, daté du 31 juillet, disant : « Des négociations au sujet de la situation sont en cours entre les cabinets de Vienne et de Saint-Pétersbourg et nous espérons encore qu'elles pourront mener à un arrangement général. »

Sur ces entrefaites, le 1er août, l'empereur d'Allemagne n'ayant pas reçu de réponse à sa demande à la Russie que la démobilisation cessât dans les douze heures, déclara la guerre à la Russie, entraînant ainsi automatiquement la France alliée de la Russie, bien qu'il sût que la France ne désirait pas la guerre. La seule raison donnée pour cet acte fut que la Russie n'avait pas à ce moment cessé la mobilisation de son armée pour défendre la Serbie contre l'attaque autrichienne, aucun conflit direct n'existant entre la Russie et l'Allemagne. Combien était injuste l'ultimatum envoyé la veille à la Russie, cela est démontré par le télégramme de l'empereur d'Allemagne au roi George le 1er août, le jour où il déclara la guerre à la Russie. Le télégramme fut envoyé sous l'impression, qui se trouva d'ailleurs fausse, que la Grande-Bretagne était prête à garantir la neutralité de la France. Mais l'empereur allemand déclara qu'il était « trop tard » pour arrêter a mobilisation com-

mencée ce jour là ! Le télégramme dit : « Je viens
de recevoir la communication de votre gouvernement offrant la neutralité française sous la garantie
de la Grande-Bretagne. A cette offre était jointe la
question, si dans ces conditions l'Allemagne s'abs-
tiendrait d'attaquer la France. Pour des raisons techniques la mobilisation que j'ai déjà ordonnée cet
après-midi sur les deux fronts — est et ouest —
doit continuer selon le programme prévu. Un contre-
ordre ne peut pas être donné, votre télégramme étant
malheureusement arrivé trop tard. Mais si la France
m'offre sa neutralité qui doit être garantie par l'armée
et la flotte anglaises, j'abandonnerai naturellement
l'idée d'une attaque contre la France et j'emploierai
mes troupes ailleurs. J'espère que la France ne sera
pas nerveuse. Mes troupes à la frontière française
sont en ce moment retenues par télégraphe et par
téléphone. — William. »

Aucune de ces nations, déclare-t-on, ne désirait
une guerre générale qui cependant éclata comme
une nécessité militaire ! « J'espère que la France ne
sera pas nerveuse. »

« Les troupes à la frontière française sont *en ce moment* retenues par télégraphe et téléphone. » Et,
d'après Berlin, la mobilisation n'avait pas été ordonnée
avant 5 heures de l'après-midi le même jour !

Quelle lumière crue est jetée, par ce dernier télégramme sur le mécanisme de destruction si labo-
rieusement préparé ! Un seul homme en Europe
pouvait arrêter la guerre et il est pris dans l'engre-

nage fatal de sa propre machinerie. Pour des raisons techniques, un télégramme arrivé trop tard, les troupes allemandes retenues à la frontière française par télégraphe et par téléphone — j'espère que la France ne sera pas nerveuse ! Mais pourquoi cette sollicitude pour les nerfs de la France ? L'Allemagne était-elle nerveuse, elle aussi ?

Je n'accuse personne. Ce que je veux mettre en lumière, c'est que le mécanisme destiné à conserver la paix n'avait pas été suffisamment organisé, pendant que le mécanisme de guerre se montrait tellement efficace qu'il était devenu virtuellement incontrôlable. Personne, nous assure-t-on, ne désirait la guerre. Tous voulaient la paix. La Serbie demandait justice. L'Autriche aussi, dit-on.

Mais l'Europe n'avait rien prévu pour que justice fût rendue à un petit état.

Le moment est venu pour l'Europe d'affirmer de nouveau son unité morale et d'en finir avec le tribalisme. Tout le mécanisme de coopération internationale existe déjà et n'a besoin que d'être adapté aux fins de la paix. Les chemins de fer et les paquebots qui ont facilité la mobilisation des troupes et des munitions de guerre, les lignes télégraphiques qui ont transmis les ordres mettant de grandes armées en mouvement, les vastes usines qui ont forgé les instruments de destruction, sont toujours là, attendant de transporter des marchandises, de communiquer des messages et de produire les commodités de la paix. La seule chose qui fasse défaut, c'est l'organisation effective de la justice internationale. Qu'on se mette une fois d'accord que chaque peuple sera assuré de sa liberté et de son indépendance et que les nations peuvent être aussi certaines de la justice que les individus le sont dans un état bien organisé et la transformation sera bientôt accomplie.

Dépendant, comme elle le fait, de la bonne foi, cette régénération est essentiellement une évolution intérieure dans les esprits et les cœurs des états. Elle ne peut être imposée au dehors, ni imposée par une nation à une autre. Elle ne peut être effectuée par la lutte. Elle ne se présentera jamais comme un acte spontané des gouvernements. Cela doit venir de la détermination accablante des peuples de nombreuses nations, qu'il en soit ainsi.

Le véritable moment d'épreuve de la démocratie sera le moment de la victoire ; car il y aura une victoire mais une victoire qui ne sera pas une conquête. S'il est fait droit dans cette guerre aux revendications de la démocratie, on verra la défense du peuple conquis contre son vainqueur et la protestation contre l'épreuve de la bataille élevées au rang de facteurs décisifs du sort des nations. Intervertir les rôles signifierait abandonner la cause. S'il doit y avoir une république des nations, les puissances centrales n'en doivent pas être exclues, sauf si elles l'exigent. L'article premier d'un traité de paix devrait être l'énonciation des principes pour lesquels nous nous battons maintenant dans cette guerre et l'établissement d'une commonwealth basée sur eux. Le respect des traités, les droits des petits états, l'empire de la loi, l'abandon des conquêtes, le droit des peuples de choisir chacun leur affiliation, l'extinction ultime du militarisme comme système, la soumission des différends internationaux à un tribunal compétent, la responsabilité des états envers la société des états, tels sont les termes essentiels d'un traité de paix durable. Si cela peut être réalisé, il y aura vraiment une Europe nouvelle.

Une nation doit-elle attendre d'être vaincue avant d'accepter une pareille paix ? N'est-ce pas la seule paix dans laquelle chaque nation puisse placer toute sa confiance? Contre toute autre paix le vaincu serait en état de perpétuelle révolte. Mais dans une telle paix tous les hommes en même temps qu'ils éprouveraient le réconfort de leur propre sens de la justice assureraient la réalisation de leurs plus hauts idéals. Ce serait pour tous les peuples de l'Europe comme une proclamation d'émancipation. Avec cette paix viendraient et la joie de la liberté et le sentiment de la sécurité et la marée de l'humaine solidarité. En l'honneur d'une telle paix, la grande armée des morts pourrait se réjouir sous la terre et au fond des mers s'ils pouvaient connaître qu'ils l'ont payée de leurs vies.

CHAPITRE V

LA TRANSFIGURATION

DE L'EMPIRE ALLEMAND

Attitude actuelle de l'Allemagne vis-à-vis du problème international. — Les théories du professeur Eduard Meyer. — La
Constitution de l'Empire allemand. — Le néo-impérialisme
allemand: la *Mittel-Europa* du D* Friedrich Naumann.

Quelle est aujourd'hui l'attitude de l'Allemagne en
face d'une république des nations ? D'après la philosophie de l'état qui est le fondement de la pratique
de l'impérialisme économique, il n'y aura jamais de
fin aux antagonismes nationaux voués à la poursuite
du pouvoir, et cette conviction paraît avoir été fortifiée plutôt qu'atténuée dans l'esprit de beaucoup
d'Allemands pendant le cours de la guerre. Un des
plus éminents parmi les historiens allemands, le professeur Eduard Meyer, de Berlin, écrivait en 1915 :

« Ils sont dissipés pour toujours les rêves de ces
visionnaires bien intentionnés qui espéraient voir un
jour où les nations jouiraient d'une paix éternelle, où
tous leurs différends seraient réglés à la barre d'un
tribunal international d'arbitrage qui rendrait la
guerre désormais impossible — rêves qui ont été

tant caressés en Amérique où, ces dernières années, le peuple s'est efféminé dans ses sentiments. Les conférences de La Haye, instituées sur la proposition du tsar — quelle grande parodie de l'histoire du monde ! — et le palais où elles furent tenues, sont une satire de l'époque, et les événements qui suivirent ont pleinement justifié l'attitude de l'Allemagne qui dès le début ne se sentit aucune inclination à participer à cette farce » (1).

C'est en pleine période de victoires allemandes que ces mots furent écrits et ils illustrent bien ce que serait l'attitude permanente de l'Allemagne au cas d'un triomphe final allemand.

On n'en appellerait certes pas aux juristes pour définir les équités de la vie internationale. « Une suite de guerres longues et sanglantes », nous assure gravement cet écrivain, « distinguera le siècle dans lequel nous venons d'entrer. » Et la raison en est franchement donnée : « Le fait dominant qui exercera une influence décisive sur les événements à venir est l'abîme qui s'est creusé entre l'Angleterre et l'Allemagne et leur sentiment réciproque d'amère inimitié. Autant que l'on peut scruter l'avenir, une réconciliation paraît impossible ; nous, Allemands, n'oublierons jamais la conduite de l'Angleterre à notre égard. » Et c'est pour cette raison que la conclusion affirme que « l'ère de l'internationalisme est pas-

____

(1) Aucune des conférences ne fut tenue dans le soi-disant Palais de la Paix. La première se réunit dans la Maison du Bois et la seconde dans le Hall des Chevaliers.

sée et ne reviendra jamais plus. Elle sera remplacée
par une période de vigoureuse et impitoyable affirmation des ambitions nationales, par la lutte des nations entre elles... Revenir dans les sentiers de l'Internationalisme et sacrifier encore pour lui des intérêts d'une importance capitale pour nous, serait un
crime contre notre peuple. »

Cette répudiation délibérée de l'idée d'une communauté internationale d'intérêts et d'obligations,
est l'expression d'une attitute entièrement nouvelle et
qu'aucune nation dans les temps modernes n'avait
encore prise. C'est un coup de balai dédaigneux de
toutes les fondations sur lesquelles doit reposer toute
société d'états. Et à la place, c'est l'absolu et tout-
puissant pouvoir d'une organisation qui ne renferme
ni critérium moral ni conscience du droit. « Pour
nous Allemands », dit le professeur Meyer, « l'état est
le besoin le plus indispensable et le plus élevé de
notre existence terrestre... L'Etat est d'une importance beaucoup plus haute que n'importe quel groupe
d'individus et éventuellement il a une valeur infiniment supérieure à celle de la totalité des individus
compris dans sa juridiction. » La raison qu'il donne
de cette assertion est que l'état « a une vie à part ;
sa mission ne prend pas fin ; et, en théorie du moins,
à moins qu'il ne soit brisé par une force du dehors,
son existence est éternelle, embrassant toutes les
générations à venir et les unissant dans un vaste
ensemble, — la vie puissante d'une nation jouant
son rôle dans l'histoire du monde. »

C'est la substance de la conception hégélienne de l'état, moins la divinité. Comme il est maintenant représenté, l'empire est « une splendide monarchie créatrice », possédant un pouvoir absolu, ne se prétendant plus d'origine divine, et confessant au contraire son caractère essentiellement, étroitement humain ; car, comme l'exprime cette théorie de l'empire, « la décision finale pour chaque entreprise incombe au souverain qui en assume toute la responsabilité dont personne ne peut le décharger ». Mais, comme le souverain dans cette conception est la seule personnalité représentative de l'état, et comme l'état est « d'une valeur infiniment supérieure à celle de la totalité des individus compris dans sa juridiction », il n'y a personne qui soit en droit de le tenir responsable, aucun critérium qui permette de mesurer sa responsabilité. Si, sur son ordre, des millions d'hommes, peu importe combien de millions, périssent dans la bataille, puisque tous les êtres humains réunis sont d'une importance moindre que la puissance et la prospérité de l'empire, aucun mal n'est commis ; et si un mal était commis, il n'existerait aucun moyen de l'empêcher ou même de le condamner. « Dans cet élément personnel », nous assure-t-il gravement, « réside l'énorme avantage qu'un gouvernement monarchique possède sur tout autre et qui consiste en ce qu'il unit dans une seule et même personne le pouvoir d'agir pour l'État et la responsabilité indivisible envers la conscience des conséquences de l'acte. » Et c'est ainsi que la conscience d'un homme qui se considère comme n'ayant de comptes à rendre à personne, mais dont l'intérêt est d'étendre son pouvoir par tous les moyens, devient la mesure de la responsabilité de l'Etat.

On n'a qu'à ouvrir les livres des juristes et des philosophes d'un autre temps, quand les peuples et les princes allemands luttaient pour leurs droits et leurs libertés locales contre l'autorité du vieil empire ; on n'a qu'à relire l'histoire des luttes pour les « libertés allemandes » alors si chères, pour se rendre compte combien, même depuis l'époque de Bismark, la conception allemande de l'état s'est trouvée transformée. Ce contre quoi les Allemands ont si durement lutté pendant des siècles est maintenant présenté comme la fin la plus élevée et la plus noble de cette race. En 1913, le prince de Bulow disait : « Le contrôle puissant exercé par les autorités prussiennes a toujours provoqué un mouvement de réaction particulièrement vigoureux dans le peuple allemand lui-même. » Mais si le professeur Eduard Meyer a raison, ce contrôle doit être dorénavant considéré comme le glorieux couronnement de l'œuvre allemande. Le triomphe de l'impérialisme allemand qui, à l'époque où il écrivait, paraissait si certain au professeur Meyer, créerait, selon lui, un état de choses d'après lequel l'ultime loi du peuple allemand serait la conscience de son empereur. « Le monde dans lequel nous vivrons après la paix », dit-il, « sera totalement différent de celui avec lequel nous avons été si familiers, même s'il n'y avait aucun changement extérieur, aucun déplacement des anciennes frontières. Cette guerre n'est pas seulement la plus grande guerre dans l'histoire de l'humanité, c'est l'événement le plus saillant de toute l'histoire moderne et le point de départ d'une nouvelle époque. Le monde tel que nous l'avons connu avant le 1er août 1914 a cessé d'exister. Tout ce qui précède cette date semble déjà appartenir à un passé lointain tellement distant de nous que c'est à peine si nous nous rendons compte que nous en avons fait partie. »

Il n'y a aucun doute que le monde ne sera plus tel qu'avant le 1er août 1914, jour où un homme, seulement responsable devant sa conscience, a plongé l'Europe dans la guerre. Mais ce qui est nouveau et ce qui frappe dans la conception de l'avenir du professeur Meyer, c'est la transformation de l'idée de l'empire allemand qu'il nous révèle. Depuis ses débuts l'empire fut sans doute un édifice autocratique à pouvoirs extrêmement centralisés, mais ni son auteur le prince de Bismark, ni son apologiste le prince de Bulow, dans leurs moments les plus enthousiates de dévotion envers leurs souverains, ne l'auraient appelé « une splendide monarchie créatrice » dans laquelle la conscience du souverain est la loi la plus haute de la nation. Bismark aurait rappelé que son action personnelle lorsqu'il créa l'empire fut empreinte d'un caractère que la conscience de Guillaume Ier n'inspira certainement pas. Quant à Bulow, il n'aurait pu oublier qu'en 1908 il dût, comme chancelier impérial, calmer l'agitation provoquée dans le public par les confidences indiscrètes de Guillaume II au *Daily Telegraph*, et qu'il promit sur l'honneur de ne plus permettre à l'empereur d'agir sans l'avis de ses conseillers responsables.

Avant 1914, la constitution de l'empire d'Allemagne n'était pas considérée comme une monarchie, mais comme une confédération de monarchies, qui est, en propres termes, « une alliance éternelle pour la protection du territoire et des droits de Confédération ainsi que pour le progrès et le bien-être du peuple allemand ». C'est une confédération de monarques égaux en droits et de trois villes-républiques libres. « Au roi de Prusse », dit l'article XI, « appartiendra la présidence de la confédération, et il aura le titre d'Empereur d'Allemagne » ; mais il n'est nulle part fait mention de lui comme monarque excepté en Prusse. Ses pouvoirs impériaux de contrôle et de nomination sont très étendus, surtout en temps de guerre, puisque « toutes les armées allemandes doivent obéir sans conditions aux ordres de l'Empereur » ; mais ses droits et ses pouvoirs, quoique considérables, sont néanmoins, jusqu'à un certain point, énumérés et définis. Ils sont limités d'une manière définie par le Bundesrath, et, en apparence, sinon en réalité par le Reichstag élu par le peuple, et qui n'est qu'une simple *Debating-Society*. Les Allemands euxmêmes l'ont appelé : « la Salle des Échos ». Il est intéressant de remarquer cependant que les pouvoirs du Bundesrath et du Reichstag sont définis dans la constitution avant que la présidence ne soit même mentionnée.

La vérité est que la constitution de l'empire d'Allemagne est — volontairement, semble-t-il — un document extrêmement ambigu, capable d'être interprété comme créant un véritable gouvernement constitutionnel, mais parfaitement adapté aussi à toutes les perversions et usurpations de pouvoir que pourrait vouloir tenter un souverain autocrate, surtout en temps de guerre alors qu'il a le commandement absolu et suprême d'une armée immense et bien disciplinée.

Il n'est pas surprenant donc que la guerre ait favorisé des interprétations nouvelles de la constitution impériale et qu'aux heures de victoires apparentes, le byzantinisme qui même en temps de paix était devenu si visible parmi les fonctionnaires allemands et les aspirants à la faveur impériale, ait été exagéré et qu'on ait fini par attribuer à l'empereur des pouvoirs que le peuple n'avait jamais supposé qu'il possédât légalement. En effet, bien que ce fussent les souverains et non le peuple allemand qui aient fait la constitution de l'empire, le peuple supposait qu'elle était faite dans son intérêt et non pour son asservissement.

La révélation récente que la guerre pourrait ne pas aboutir à une victoire allemande a attiré l'attention générale sur le sens réel de la constitution et a créé un désir nouveau de contrôle populaire du gouvernement. L'empire d'Allemagne est sans aucun doute à la veille de changements qu'il est dès à présent impossible de calculer, car leur caractère dépendra des éventualités de la guerre. Une défaite allemande aurait pour résultat infaillible une revision radicale de l'organisation constitutionnelle de l'empire avec des restrictions importantes des pouvoirs de l'empereur, sans exclure des possibilités de changements encore plus importants. Mais si les puissances centrales ne subissent aucune défaite sérieuse et surtout si les projets pangermanistes se réalisent en partie, c'est avec la nouvelle conception de l'autocratie impériale que le reste du monde aura dans l'avenir à lutter. Le triomphe complet des puissances centrales signifierait le triomphe de la monarchie prussienne et confirmerait sa suprématie sur tout l'empire allemand et ses alliés.

Il est de la plus haute importance pour la paix du monde de tenir compte de la situation critique créée en Europe par cette nouvelle conception, enfantée par la guerre, de l'empire allemand considéré comme une « splendide monarchie créatrice ». Cette conception ne répudie aucun des projets d'expansion du pangermanisme. Au contraire, elle affirme explicitement que, si ces projets ne sont pas réalisés maintenant, la paix du monde en souffrira, puisqu'il n'y a qu'une victoire impériale qui soit susceptible de prévenir la perspective de nouvelles guerres. La philosophie de l'histoire « du marteau et de l'enclume » est vigoureusement confirmée et l'Allemagne entend bien être toujours le marteau et jamais l'enclume. « Il est impossible », écrit le professeur Meyer, « de percer le voile qui cache l'avenir et de prédire ce qui se passera. Mais chaque Allemand doit dès maintenant comprendre clairement que, si la nation allemande veut maintenir sa position dans le monde, il y a trois choses auxquelles nous devons nous attacher comme étant la base inviolable de notre existence forte et indépendante. » Ce sont, dit-il, « notre organisation militaire et notre organisation économique protégeant nos industries agricoles de manière à nous assurer les nécessités de la vie et à nous rendre indépendants des produits de l'étranger ; enfin, un gouvernement monarchique viril, jouissant d'une complète indépendance d'action, libre de combiner et d'utiliser par son activité créatrice toutes les forces de la nation. Nous avons d'ailleurs toutes les raisons de nous féliciter des résultats satisfaisants de cette activité », conclut-il, « puisque nous constatons que la guerre nous trouva amplement munis de matériel et bien préparés et que chaque jour qui passe nous donne une nouvelle preuve de son efficacité ».

C'est en fait la capacité de l'empire allemand de faire la guerre et sa perfection comme forme de pouvoir qui constituent son grand mérite aux yeux de l'écrivain, car la fin de l'état est le pouvoir, un pouvoir non seulement créateur et constructif, mais destructeur aussi.

« La vérité », dit-il, « est que le moment est arrivé où deux formes distinctes d'organisation de l'état » — l'allemande et l'anglaise — « doivent se mesurer dans une lutte à mort. » Elles ne peuvent pas semble-t-il, coexister plus longtemps dans le même univers. Si cette interprétation des projets impérialistes est correcte, les autres nations se verront obligées de vivre avec une Allemagne qui, victorieuse, sera toujours prête à faire la guerre, ne comptant que sur son épée, pénétrée de la nécessité de futurs conflits, absorbée par son « activité créatrice » pour le développement de sa « vigoureuse existence », sous le commandement d'un homme « agissant en pleine indépendance » et opposée à toute forme d'internationalisme. Si la paix doit intervenir, prétend l'Allemagne, ce sera une paix imposée par le vainqueur et par laquelle toutes les autres formes d'organisation politique devront céder à la suprématie impériale. Telle est la vaniteuse prétention.

Certainement ce n'est plus là la vieille Allemagne que nous avons connue et aimée, et qui enseignait la musique et la poésie, la science et la philosophie, l'art et la littérature. Que de souvenirs de gracieuses figures, de douces voix, d'attentions délicates envahissent notre esprit quand nous comparons le présent au passé ! La terre du chant, le domaine des humanités, la personnification du *Gemütlichkeit,* ont-ils vraiment disparu pour toujours ? Qu'avons-nous donc fait à l'Allemagne qu'elle veuille maintenant se détourner du monde entier ? Répudie-t-elle vraiment tout internationalisme ? N'y aura-t-il plus dorénavant dans le monde plus de ports accueillants pour les grandes flottes de ses marchands comme autrefois ? Ne traverserons-nous plus le vaste Océan avec ses capitaines ? N'apprendrons-nous plus rien de ses grands maîtres qui furent nos instituteurs ? Déchirez cette page, professeur Meyer, et récrivez-la sur un autre ton. Que peut attendre l'empire allemand d'un monde sans relations entre les nations ? Quelle sera sa place parmi ces nations ? Et à qui donc la faute, s'il ne doit plus y avoir de rapports internationaux ? Quelle nation a la première violé les traités ? Laquelle a la première refusé de laisser l'Europe prendre une décision sur quelque chose qui était avant tout une question européenne ? Laquelle a la première déclaré la guerre au milieu des négociations ? Laquelle a la première attaqué non pas un ennemi en armes, mais un peuple neutre et désarmé ? Laquelle a la première défié tous les neutres par une campagne d'épouvante au cours de laquelle d'innocents non-combattants, hommes, femmes et même petits enfants furent mis en pièces par les explosions ou impitoyablement noyés dans la mer ? Le droit de vivre sur cette terre dépend-il de la conscience d'un homme ? Le fardeau de culpabilité ne pèsera-t-il que sur les épaules d'un seul être humain, ne retombera-t-il pas également sur ceux qui ont voulu profiter de la lutte pour la suprématie ? Enfin peut-on attendre que le monde reste en termes amicaux avec une nation qui organise l'assassinat comme un moyen de pouvoir ?

Il faut reconnaître aussi franchement le fait que l'agression impériale allemande ne provient pas entièrement de l'adoration d'une dynastie, ni de la contrainte exercée par elle et qu'elle n'est pas non plus un pur résultat d'une théorie philosophique de l'état.

C'est parce que les dynasties servent les fins nationales qu'elles sont investies d'une sorte de sainteté
et c'est parce que un gouvernement impérial est susceptible d'accroître le pouvoir d'un peuple sur
d'autres peuples que le secours de la philosophie est
invoqué pour soutenir son prestige. Ce fait est,
historiquement, d'une évidence écrasante. Ce qui a
réconcilié l'Allemagne avec la prépondérance prussienne, ce sont les avantages matériels qui furent la
conséquence de l'unité allemande. Il n'y a aucun sentiment de respect dans les cœurs allemands pour
la vague conquérante qui déferla de la Marche de
Brandebourg et tira le nom même de la Prusse (Bo
Russia) de l'annexion d'une province slave de la Pologne obtenue par un mélange de moyens militaires
et diplomatiques. Les Allemands ne savent que trop
leur propre histoire. Un empire gouverné par la
Prusse eut été répudié dès les premières décades
de son existence s'il n'avait apporté à tous les états
allemands des avantages économiques étendus. Cela,
il est incontestable qu'il l'a fait et l'appréciation de
ce service est fortifiée par l'espoir que le pouvoir centralisé d'une Allemagne unifiée procurera de nouveaux profits au peuple allemand : nouvelle utilisation de leur main-d'œuvre, nouveaux débouchés pour
leurs produits, nouvelles ressources pour leur industrie. Le programme pangermaniste n'est pas réellement fondé sur une affinité quelconque de race
ou de sentiment. Il vise à l'extension de l'empire
parce que celui-ci est considéré comme un arbre fé

cond dont la croissance assurera au peuple allemand non seulement une ombre protectrice, mais encore des fruits abondants.

Cet aspect de l'impérialisme allemand est bien illustré par des ouvrages, comme *L'Europe centrale* (Mittel-Europa) du Dr Friedrich Nauman et *la Part de l'Allemagne dans le commerce mondial* du professeur Harms. Ce dernier manifeste un sens profond de l'importance économique du commerce international pour l'Allemagne et du désavantage qu'entraînerait pour elle la perte des marchés étrangers.

Mais c'est le Dr Nauman, très lu et jouissant d'une grande autorité comme écrivain populaire et membre du Reichstag, qui interprète le mieux la pensée dominante au sujet des plans politiques allemands pour l'avenir. Ecrivant en pleine guerre, inspiré par la guerre, il nous présente sa vision d'une nouvelle Europe centrale assez grande et assez forte pour garder une position incontestée au milieu de nations toujours hostiles, véritable rocher inébranlable où la *Deutschthum* attendra son heure, l'heure de ce développement militaire et de cette expansion économique auxquelles, croit-il, a droit le peuple allemand.

Seulement en pleine guerre, affirme-t-il, les esprits pouvaient être préparés à comprendre la nécessité et l'importance d'une aussi vaste conception. En effet, la *Mittel-Europa* — empire teutonique de l'avenir, encore plus étendu, encore plus énergique et encore plus fort — n'aurait jamais pu être conçu par l'esprit paisible d'une époque normale. « De même que Bismark, en pleine guerre de 1870 et non après, eut la vision de l'empire allemand, ainsi, au milieu de la guerre, dans le sang versé et la commotion des peuples, seront posées par nos hommes d'état les fondations de la nouvelle constitution. »

En quoi consistera donc ce nouvel édifice impérial? En rien moins que ceci, selon les expressions de son théoricien : « la fusion de ces états qui n'appartiennent ni à l'alliance anglo-française, ni à l'empire russe ; mais surtout la combinaison de l'empire allemand avec la double monarchie austro-hongroise, puisque tous les autres projets pour l'union des peuples de l'Europe centrale dépendent du succès de l'union des deux Etats centraux. »

La nécessité de cette union, pense Nauman, est absolue pour cette raison que le temps où les petits états pouvaient jouer un rôle est passé pour toujours. Dans la vieille Europe, les petits états avaient une place naturelle. C'est de petits états que fut entièrement composée l'Allemagne. Mais, jamais d'accord, ils présentèrent un tableau changeant de princes toujours en lutte, chacun d'eux uniquement poussé par son intérêt propre, réussissant rarement à former des combinaisons ayant une signification historique. Ils s'assemblaient soudain comme des nuages et se dissipaient aussi vite. Le soi-disant Saint Empire Romain de la nation allemande, dans lequel les états allemands figuraient nominalement, fut, sous les Habsbourg, complètement dépourvu d'unité : la plupart de ses membres étaient toujours soumis à des influences étrangères qui s'insinuaient sous le prétexte de les protéger contre l'autorité de ce même empire dont ils faisaient partie.

Aujourd'hui, sous la pression d'une hostilité commune, l'empire allemand unifié par la Prusse, et la Double Monarchie Austro-Hongroise, sentant la nécessité de coopérer, ont conscience d'être unis dans une lutte pour leur existence. Le séparatisme n'est plus défendable. La guerre a créé une âme de l'Europe centrale qui doit maintenant prendre un corps adopté à ses besoins.

Mais ce n'est pas à une simple nécessité temporaire qu'est dû ce résultat. Les grandes affaires ont créé la grande politique et l'organisation de l'état doit être en rapport. Nous devons, dit Nauman après Cecil Rhodes, « penser en continents ». La souveraineté dans un sens réel ne peut plus être attribuée à de petits peuples. Sans alliés ils ne sont rien. Isolement signifie faiblesse et danger. La Prusse même, isolée, est trop petite pour un état moderne. « L'Etat », enseigna Treitschke, « est puissance », et il ajoutait : « Il y a quelque chose de risible dans l'idée d'un petit état. Sans doute, dans la bataille des géants, il peut paraître risible que le faible vienne demander liberté ou justice et cependant, comme on l'a dit avec raison, « n'y a-t-il pas quelque chose de honteusement brutal dans ce rire ? » Puisque, selon cette philosophie, il n'y a pas de rôle historique des petits états, ils ne sauraient trouver place dans le champ d'activité de l'Europe centrale. Ils se montreraient trop indépendants, trop réfractaires et certainement trop faiblement inspirés par l'esprit impérialiste, pour être incorporés à l'actif et puissant noyau nécessaire pour la réalisation de cette vaste conception politique. L'Italie, si elle était plus accessible à l'influence teutonne, pourrait être une acquisition acceptable ; mais pour le moment elle est trop latine dans ses affinités pour être incorporée à l'Europe centrale. Comme la Hollande, la Suisse, les Etats balkaniques, la Turquie et les pays scandinaves, l'Italie est trop périphérique pour pouvoir former un organe vital du nouvel organisme. Tous ces pays, malgré la conception quantitative grandement exagérée de l'état moderne en tant que grande puissance, « puisqu'ils ont encore devant eux une période d'attente historique avant de se décider », doivent être tenus pour le moment dans une position d'expectative. La grande et pressante nécessité est de créer ce noyau de l'Europe centrale — combinaison de l'Allemagne et de l'Autriche-Hongrie — autour duquel les petits états pourront plus tard se cristalliser. Lorsque ces derniers, pense Nauman, verront clairement quel avenir les attend, ils viendront un par un chercher avantage et sécurité en adhérant aux puissances centrales.

Tel est dans ses grandes lignes le programme d'avenir de Nauman. Ce n'est qu'un programme, mais il prodigue tout son art pour le rendre attrayant.

Pour lui, le moment critique, ce sera le moment des négociations de paix. Ce que seront les conditions de la paix, il évite prudemment de nous le dire ; mais quelles qu'elles soient, « que les frontières extérieures des empires du centre soient élargies davantage vers l'Est ou vers l'Ouest selon l'importance des triomphes militaires, la question demeure entière : est-ce que les plénipotentiaires de Berlin, de Vienne et de Budapest quitteront la salle du Congrès de la paix, comme de vrais amis ou comme des ennemis secrets. » « Nous espérons qu'ils reviendront avec cette devise : « Eternellement unis. »

Dans ce cas évidemment l'Europe entrera dans une période de développement différant totalement du passé. Mais cette union sera-t-elle réalisée ? Nul plus que le théoricien de l'Europe centrale ne comprend qu'on ne saurait répondre avec certitude à cette question. « Toutes les guerres de coalition depuis l'antiquité la plus haute », dit-il, « ont été suivies de conclusions de paix difficiles, car elles ont toujours fini par des gains et des pertes qui durent faire l'objet de transactions. » Une paix comme celle de 1815 au Congrès de Vienne, insiste Nauman, ne doit pas être renouvelée. Le véritable grand trophée de la guerre sera enfermé dans la question d'union permanente. Si l'Allemagne et l'Autriche peuvent être tenues éloignées l'une de l'autre, ce sera pour l'Entente une grande et durable victoire. Mais si elles s'unissent pour former une Europe centrale, les fils de l'Allemagne et de l'Autriche ne seront pas morts en vain.

... Ce ne sont pas cependant une réorganisation géné-

rale de la vie nationale et une meilleure assurance
de paix qu'on peut attendre de la fusion des empires
du centre, mais un renforcement de leur défense mutuelle et une préparation encore plus rapide et plus
forte en vue de nouvelles possibilités militaires. Il
est admis qu'au cours des négociations pour la paix
chaque belligérant recherchera à réaliser sa liberté
d'action en même temps que des avantages, mais,
insiste Nauman, « ce serait se placer à un point de
vue démenti par l'histoire que de penser que cinq ou
huit grandes puissances quitteront la salle du Congrès de la paix sans avoir déjà de nouveaux traités
en poche. » En tout cas, ce ne sera point, pense-t-il,
l'aurore d'une paix éternelle. Il y aura des efforts
pour assurer une paix durable et peut-être des assurances nouvelles, mais un nombre incroyable de
questions nouvelles et anciennes resteront sans solution et deviendront une source de préoccupations
pour l'avenir. « Tous les Ministères de la Guerre,
tous les états majors, toutes les amirautés », affirme
Nauman, « méditeront les leçons de la Guerre lorsqu'elle sera finie ; une technique encore plus scientifique inventera de nouvelles armes ; les forteresses
des frontières deviendront plus importantes et plus
étendues. » La conséquence sera qu'aucun état ne
pourra rester isolé. L'empire d'Allemagne et la monarchie austro-hongroise, si elles doivent durer,
doivent s'unir pour leur sécurité et leur soutien mutuel.

Cette nécessité d'ailleurs leur est en partie imposée par leur unité territoriale considérée au point de vue orographique. La nature, de la mer du Nord à la Baltique et aux Alpes, à l'Adriatique et à la plaine méridionale du Danube en a décidé ainsi. « Déployez une carte », dit Nauman, « et voyez ce qui s'étend entre la Vistule et les Vosges, entre la Galicie et le lac de Constance ! Cette étendue géographique ne peut être considérée que comme une unité, comme une unique patrie bien articulée, comme une confédération défensive et un ensemble économique se suffisant à lui-même. Tout le particularisme historique qui a pu peser sur la guerre mondiale doit s'effacer et confirmer le principe d'unité. »

L'unité ainsi favorisée doit être assurée d'une manière durable par des conditions physiques. Ces conditions, la guerre nous les a révélées. Le résultat de l'expérience technique militaire le plus solidement établi est que les batailles de l'avenir se dérouleront sur de très longues lignes et que les retranchements de campagne fourniront la base de la défense de la patrie. La politique de tranchée consiste en ceci que chaque état doit calculer dans quelles limites il peut ou ne peut pas établir sa ligne de tranchées de défense. Si les Français s'étaient retranchés de Belfort à Dunkerque, il est probable que l'invasion de la France par la Belgique aurait été impossible. Ce raisonnement s'applique aussi à la Prusse orientale et aux frontières austro-galiciennes. Après la guerre, des fortifications de campagne seront faites le long des frontières partout où apparaîtra une possibilité

d'invasion. Des nouvelles murailles de Chine s'élè-
veront si les nations veulent vivre en bons termes.
Deux longs murs, allant du nord au sud diviseront
l'Europe continentale] en trois bandes. La question
de l'Europe Centrale est de savoir si entre ces deux
murs courant du nord au sud, il faudra qu'il s'en
élève un troisième entre l'Allemagne et l'Autriche-
Hongrie. Nauman affirme que, si l'unité des politiques du lendemain de la paix n'est pas assurée,
l'établissement de ce mur sera une nécessité impérative, et naturellement dommageable au plus haut
degré et féconde en conséquences funestes pour les
deux pays.

Inclusion ou exclusion, telle apparaît être l'alternative offerte à l'Autriche par ce nouveau système
d'insularisme fortifié, présenté comme le seul moyen
possible d'assurer des relations amicales. Qu'est-ce
donc qui exige ces infranchissables barrières élevées
entre nations ? Est-ce la négation finale de toutes
les possibilités morales et légales de réconciliation
entre elles ? D'où vient, alors, cette incompatibilité
radicale entre nations situées à l'est et à l'ouest de
ces barricades ? Qu'est-ce donc qui les forces à se
séparer pour toujours par des fossés infranchissables
et éternellement gardés ? C'est apparemment que l'Europe centrale peut être ainsi constituée comme une
puissance teutonique consolidée et rendue pour toujours indépendante de ces concessions volontaires,
transactions, arrangements et accords au moyen desquels les peuples limitrophes ont toujours réglé

leurs rapports. Mais pourquoi une nation recherche-rait-elle cette exemption des conditions ordinaires d'existence humaine dans un état social? Est-ce pure-ment un moyen de défense destiné à préserver contre un attentat le principe sacré de la nationalité ? Est-ce en vue de maintenir intacte une neutralité abso-lue et désintéressée au milieu de l'activité guerrière de l'Europe ?

Aucune de ces considérations n'est invoquée comme la raison de cette consolidation et cet emmurement. Il n'est même pas question d'une base possible pour des arrangements pacifiques. On ne propose rien pour restaurer l'autonomie des nationalités suppri-mées dans les royaumes allemands et austro-hongrois. Pas un mot pour les Polonais, les Tchèques, les Rou-mains et autres peuples déjà emmurés dans les em-pires du centre. Aucune allusion enfin à la neutralité, si ce n'est pour faire remarquer que la politique de tranchée la rendra bien difficile pour les petits états, et tendra ainsi à les attirer dans le cercle des puis-sances centrales. Les seuls liens possibles d'union, est-il affirmé, et les seules conditions possibles de relations amicales sont d'une nature purement méca-nique. Les petits états, insiste-t-il, ne pouvant recou-rir au système de la tranchée à cause de son coût et de leur voisinage naturel, resteront sans défense et par conséquent constitueront une matière première disponible pour de futures exploitations économiques. Lorsque l'Europe centrale sera organisée et fortifiée, ces états qui, selon les mots mêmes de Naumann,

« n'appartiendront ni à la Confédération anglo-française ni à l'empire russe », tomberont comme un fruit mûr, sans effort ni sacrifice de la part de la nouvelle Union impériale, dans sa main tendue.

Naumann nous assure avec une insistance particulière qui n'est pas sans trahir une certaine anxiété, que nulle pensée de ce genre n'a contribué à précipiter la guerre à Vienne ou à Berlin et encore moins à la causer directement. En Allemagne, est-il dit franchement, existait cette idée qu'un jour il devrait y avoir un règlement de comptes avec la Russie et aussi une lutte avec l'Angleterre pour la domination de la mer. Ces éventualités, admet-il, étaient déjà envisagées par le gouvernement et le peuple allemands. Mais ce qui constitua un développement inattendu de la question, ce fut ce fait que les trois guerres avec la France, la Russie et l'Angleterre éclatèrent soudain et en même temps, comme une formidable inondation. Dans la guerre maritime et la guerre avec la France, l'Autriche-Hongrie n'avait aucune part, mais elle avait à faire face à des périls imminents : périls balkaniques, slaves et italiens. Ainsi deux grands intérêts fusionnèrent d'une manière inattendue et les trois guerres n'en devinrent virtuellement qu'une seule. Cependant, et justement à cause de cette dualité d'origine, le conflit, vu de Berlin, de Vienne ou de Budapest prit un aspect différent. Au début, l'idée de direction et de responsabilité communes faisait défaut ; mais le développement de la guerre l'enfanta et prouva que le conflit n'est ni allemand ni danubien, mais la preuve historique de l'existence d'une Europe centrale.

« La guerre cimente ! » s'exclame Naumann ; mais il réalise pleinement quels intérêts contraires doivent fusionner, quels antagonismes doivent être surmontés si l'Europe centrale doit vraiment surgir de la lutte comme unité politique. Il reconnaît que l'Autriche-Hongrie est un foyer de particularisme et de lutte de nationalités en partie submergées, tandis que l'Allemagne est une unité récente tendant vers une plus grande centralisation. L'Allemagne est passée de l'état de confédération relâchée à celui d'état fédéral. L'Autriche-Hongrie est une confédération de monarchies indépendantes conventionnellement unies. L'Allemagne est plus septentrionale, plus froide, plus uniforme, plus technique. L'Autriche-Hongrie est plus méridionale, plus gaie, plus romantique et elle a plus de tempérament. La majeure partie de l'Allemagne est protestante, tandis que l'Autriche est surtout catholique. L'Autriche-Hongrie a un passé et peut-être un avenir plus riches, mais l'Allemagne a pour elle le présent. Le rythme de vie des deux empires est différent. C'est comme si l'est et l'ouest, le nord et le sud, le xviiie et le xxe siècles étaient fondus.

Quelles que puissent être les contradictions de nature ou d'inclination, conclut Naumann, l'existence future des deux empires dépend de leur union. Ni l'un ni l'autre n'a d'alliés possibles sur lesquels il puisse compter. La fusion apparaît donc comme une nécessité réciproque.

Des deux empires, c'est la monarchie austro-hongroise qui renferme la plus grande quantité de diversités ethniques et d'aspirations nationales. Il n'y a là aucune cause de séparation, car l'union avec un pouvoir fort est essentielle à l'existence de ces nationalités submergées. Les Tchèques, les Moraves, les Polonais, les Serbes, les Croates et les Slovaques, et même les Magyars, seraient, seuls, trop faibles pour maintenir dans l'isolement leur indépendance nationale. C'est une conséquence de la nature des choses que leurs luttes futures se développeront dans une sphère de politique domestique plutôt qu'étrangère. C'est seulement sous la protection et grâce à l'indulgence de leurs soi-disant oppresseurs qu'ils ont pu se livrer à des déclamations patriotiques. Une pareille tolérance serait moins dangereuse et peut-être moins nécessaire dans la future Europe centrale, car l'avis et au besoin l'aide de la Prusse seraient à portée de la main pour compléter l'œuvre d'absorption et d'assimilation. Après avoir prussianisé toute l'Allemagne, qu'est-ce qui pourrait l'empêcher de prussianiser aussi toute l'Europe centrale ? Les Prussiens eux-mêmes ne sont-ils pas d'origine slave ?

Il y a, en fait, dans ce vaste projet d'empire, comme une sorte de suppression ostentatoire du *Deutschland über Alles*. Le projet ne découvre pas, si ce n'est par inférence la sainte mission de la *Kultur* allemánde dans l'œuvre de rédemption du monde. Il n'y a même pas, en apparence du moins, la moindre exagération de nationalisme. Et cela, pour des raison évidentes.

« Il est naturellement sous-entendu », dit Naumann,
« que dans l'Allemagne en guerre tous nos vieux
souvenirs héroïques se lèvent du fond des tombeaux
et que se dressent devant nous le roi de Prusse Frédéric II, Moltke et Bismark. Nous nous battons comme
Allemands, mais nous luttons aussi en compagnie de
millions de non-allemands qui sont prêts à nous suivre
dans la bataille et dans la mort, s'ils sont respectés
par nous et si on leur permet de croire que notre victoire est aussi leur victoire. »

C'est surtout sur cette croyance et sur le sentiment
d'agir de concert librement que l'on paraît compter
pour la constitution de l'Europe centrale. C'est pourquoi une union politique qui eut été complètement
irréalisable en temps de paix est jugée possible en
temps de guerre. Le projet n'est pas considéré du tout
comme une affaire de chancelleries ou de parlements.
Sa réalisation ne saurait être assurée par de simples
traités formels. Dans de pareils engagements il y a
toujours trop ou trop peu et il n'y a, pense Naumann,
et ne peut y avoir, aucune certitude que de simples
traités seront toujours respectés. C'est dans l'identité
actuelle des buts et des aspirations des peuples et non
dans les accords artificiels des cabinets qu'un véritable
trait d'union doit être recherché. « La sécurité », dit-il,
« repose dans les différents aspects de la vie associée,
aux différents points de vue politiques, économiques
et privés ; dans le débordement spontané et organisé
d'un corps politique dans un autre ; dans la communauté des idées, de l'histoire, de la culture, du travail,

des conceptions du droit, d'un millier de grandes et de petites choses. Seulement lorsque nous aurons réalisé cette condition, nous pouvons nous considérer comme solidement unis. »

Il y a une vue profonde dans cette conception de l'union. On ne saurait rien espérer de fécond d'aucune forme de gouvernement humain et d'aucune combinaison politique, surtout internationale, qui ne soit fondée sur le caractère, les intérêts et les buts de ceux qu'elles concernent. C'est pourquoi c'est le moment pour les Austro-Hongrois de considérer si une union qui ne pouvait être ouvertement conçue qu'en temps de guerre est la plus avantageuse pour la double monarchie en temps de paix.

Il est évident que l'Autriche-Hongrie constitue le point faible du plan pangermaniste d'expansion méridionale. Sans la subordination pratique de la double monarchie au contrôle du gouvernement impérial allemand, le rêve d'un chemin de fer Hambourg-Bagdad avec des ports allemands sur toutes les mers du sud, s'évanouit dans l'air fluide. C'est pour cette raison que Naumann a écrit son livre. Il comprend parfaitement, en effet, que, d'elles-mêmes, ni l'Autriche ni la Hongrie, la dernière surtout, seront difficilement persuadées de prendre en considération le projet d'union qu'il affirme conforme à leur caractère, à leur intérêt ou à leurs aspirations nationales, car il entraînerait clairement leur disparition finale en tant que nations séparées. Il est douteux qu'elles soient volontairement ment induites à entrer dans une association aussi

étroite avec un associé d'une nature aussi domina-
trice que le gouvernement impérial allemand. Déjà
même, sous le contrôle prussien existant des signes
d'inquiétude se manifestent. La réponse austro-
hongroise au projet d'une Europe centrale sous la
direction prussienne n'a pas été encourageante pour
Berlin. Aussi pour pouvoir réaliser le projet Hambourg-Bagdad avec le contrôle politique qu'il com-
porte, le gouvernement impérial allemand serait
certainement heureux de se rendre les mains libres
en renonçant pour le moment à tous les avantages
obtenus dans l'ouest, quitte à recouvrer plus tard
ce qu'il abandonnerait temporairement en France et
en Belgique.

Le sort, non seulement de l'Autriche-Hongrie et de
ses nationalités à demi submergées, mais celui de la
Grèce, des Etats balkaniques, de l'Empire Ottoman et
même celui de la Belgique, de la Hollande, de la
Suisse et des royaumes scandinaves sera déterminé
par le règlement de la question Mideuropéenne. Une
fois organisée, comme la science et l'adresse allemandes savent le faire, l'Europe centrale que Naumann a esquissée ne deviendrait pas seulement maîtresse de toute l'Europe continentale, mais le plus formidable pouvoir maritime qui ait jamais existé.

C'est ce rêve de domination européenne qui a inspiré le gouvernement impérial allemand à proposer
des négociations de paix tout en menant la guerre
avec une vigueur nouvelle dans l'espoir que l'un ou
l'autre de ses ennemis puisse être éliminé du conflit.

C'est aussi là-dessus que se fonde son hostilité pour toute forme d'internationalisme. L'impérialisme économique allemand se soucie aussi peu que la dynastie prussienne de prendre place dans un monde réglé par des accords généraux. « Nous n'avons jamais caché nos doutes qu'une paix permanente pût être garantie par des organismes internationaux tels que les cours d'arbitrage », a dit le chancelier impérial Bethmann-Hollweg, en parlant devant une commission du Reichstag ; et son attitude, à ce propos, rencontra une approbation générale en Allemagne.

Il y a quelque chose de déconcertant pour le reste du monde dans ce farouche esprit de tribalisme teuton qui ne paraît même pas désirer des amitiés plus étendues. Une disposition à rejeter toutes relations internationales, une dépendance complète de la force mécanique, économique et militaire, enfin l'absence totale de cet humanisme qui caractérisait la vieille Allemagne que nous avons aimée, tels sont les traits essentiels qui rendent cet empire allemand transfiguré, sauvage, étrange et en même temps formidable — comme un géant des cavernes, habitant seul, absorbé pendant ses heures de veille par des préparatifs de combat, et rêvant, pendant son sommeil d'ennemis et d'hostilités, uniques préoccupations de son existence.

CHAPITRE VI

ORGANISATION INTERNATIONALE

Les précurseurs du pacifisme : Crucé, William Penn, Fénelon, l'abbé de Saint-Pierre, Emmanuel Kant. — La Sainte Alliance. — La souveraineté aux Etat-Unis. — L'état est fondé sur les droits naturels des citoyens. — Difficultés d'une union générale de toutes les nations. — Opportunité de la constitution d'un groupe limité d'états constitutionnels en vue d'un commencement d'organisation internationale. — Pourquoi les conférences de La Haye (1899 et 1907) furent stériles. — Réunion d'une première conférence internationale. — Noyau d'un *corpus juris* international. — Magistrature internationale. — Voies d'exécutions internationales. — Le rôle de la diplomatie. — L'œuvre internationale du siècle dernier. — Le problème des pays arriérés. — Les méthodes commerciales appliquées aux affaires du monde.

Malgré la méfiance allemande pour les cours d'arbitrage, le chancelier von Bethmann-Hollweg n'en a pas moins montré à quelle conclusion toute intelligence humaine doit forcément en arriver lorsqu'elle s'adonne à un examen attentif des rapports internationaux. Il dit : « Si, à la fin de la guerre et après, le monde réalise pleinement l'affreuse destruction de vies et de propriétés, dans l'humanité tout entière s'élèvera un cri en faveur des arrangements pacifiques et des accords qui, autant qu'il est dans le pouvoir humain, empêcheront le retour d'une aussi monstrueuse catastrophe. Ce cri sera si puissant et si justifié qu'il devra aboutir à un résultat. »

Mais quel sera ce résultat ? Ce ne saurait être la domination d'une seule nation : c'est là une forme de paix à laquelle le monde ne se soumettra pas.

Si les hommes étaient gouvernés par l'intelligence pure, il ne serait pas difficile de mettre fin pour toujours à la guerre et à ses dévastations ; mais l'expérience a montré que ni gouvernants ni gouvernés ne sont de purs êtres intellectuels. Il y a dans la nature de chaque homme et par conséquent de chaque nation un élément de raison. Mais il y a aussi les instincts, les émotions et les passions. Certains de ces derniers éléments proviennent des limitations et des nécessités de la nature, complexus de forces actives, gouvernée par les grandes lois de la lutte, de la sélection et de la survivance. De plus il faut aussi compter avec les associations fortuites d'idées, les traditions tribales, et les préjugés inhérents qui ont leur origine en dehors de la sphère des processus mentaux conscients. Les nations comme les hommes ont leur héritage de traits naturels qui les assimilent aux différentes espèces animales telles que le loup, le renard ou l'agneau. En conséquence, la conduite probable de certaines races d'hommes peut devenir un sujet de calcul offrant presque autant de certitude que l'étude de l'instinct des oiseaux et des animaux sur lequel l'intelligence supérieure base son pouvoir de capture et de contrôle.

Dans le calme de leur cabinet de travail, les philosophes, partant de quelques principes, *a priori* de la raison, trouvent facile de construire dans leur esprit un état universel et de concevoir les relations réciproques des états séparés de manière à conclure que rien n'est plus simple que de réaliser une fédération générale du monde. Au contraire, tous ceux qui ont été des observateurs attentifs de la nature humaine et surtout ceux qui ont été en contact avec beaucoup de populations diverses dans de nombreux pays différents trouvent difficile de croire qu'un état universel ou une harmonie d'états séparés soit possible à moins que la nature humaine ne soit radicalement modifiée. Ils perçoivent immédiatement les fatalités de l'exis- ence nationale qui sont un obstacle au triomphe des idéals internationaux et ils s'étonnent comment d'autres hommes de grande intelligence peuvent s'imaginer qu'un plan de coopération est presque effectivement réalisé simplement parce qu'il a été pensé logiquement.

Une conséquence du conflit européen actuel et de sa révélation des fins et des buts nationaux sera sans doute que les nations considéreront avec plus d'attention les causes d'antagonisme international et que des plans élaborés avec soin seront sans doute proposés pour assurer une harmonie internationale plus parfaite. Sans aucun doute le sens moral de tous les hommes intelligents sera remué profondément et le caractère inique et irrationnel de la guerre entre nations civilisées les frappera fortement. Mais ce ne sera point après tout une expérience nouvelle. Dans les temps modernes les atrocités accompagnant les grandes guerres n'ont jamais manqué de donner naissance à des projets embrassant une réorganisation complète du monde. C'est ainsi qu'au milieu de la guerre de Trente ans, Emeri Crucé proposa que la ville de Venise fût choisie comme siège permanent d'un corps d'ambassadeurs dont les votes régleraient tous les différends internationaux. Ce fut pendant les guerres de Louis XIV que William Penn, que Montesquieu appela « le moderne Lycurgue », proposa son plan de paix universelle. Ce fut à la conclusion de la guerre de la Succession d'Espagne que Fénelon présenta au Congrès d'Utrecht la fameuse dissertation dans laquelle il disait :

« Les états voisins ne sont pas seulement dans l'obligation de se traiter les uns les autres selon les règles de la justice et de la bonne foi; ils devraient, de plus, pour leur propre sécurité autant que dans leur intérêt commun former une sorte de société générale et de république. »

Ce fut à la même occasion que l'abbé de Saint-Pierre élabora son extension du « Grand Dessein » de Sully, dans lequel, anticipant sur le programme actuel de la Ligue pour la paix obligatoire, il proposait, non seulement de soumettre les différends à la décision d'un tribunal, mais aussi l'abolition totale de l'usage séparé de la force. Il proposait aussi la conclusion d'un accord par lequel en cas de refus d'observer les traités ou d'obéir aux règles et aux

jugements, les autres membres de l'alliance force-
raient le souverain réfractaire à se soumettre en s'armant tous ensemble contre lui et en lui faisant payer
les frais de cette contrainte. Enfin ce fut pendant la
conquête de l'Italie par Napoléon Bonaparte qu'Emmanuel Kant publia son fameux essai sur « La paix
éternelle ».

Il serait fastidieux d'examiner ou même d'énoncer
les innombrables plans qui ont été proposés pour
assurer la paix et l'harmonie parmi les nations.
Presque sans exception ils ont affirmé que la base de
réorganisation est exclusivement politique, et qu'il
faut par conséquent instituer l'équivalent d'un super-
état, nouvelle souveraineté placée au-dessus des états
nationaux comme celui-ci est placé au-dessus des
membres qui le composent. Pour atteindre ce but,
beaucoup ont jugé qu'il serait nécessaire d'établir
non seulement une législation et une magistrature
internationales, mais aussi une force exécutive internationale commandant les armées et les flottes ou
disposant tout au moins d'une force armée constituant une police internationale effective. Mais ils ne
semblent pas généralement avoir eu une notion très
claire de l'importance que devrait avoir cette force.

Il est prudent de rejeter tout de suite une futilité
aussi caractérisée que ce super-état. Un état universel
de cette nature impliquerait l'annihilation soudaine
de toutes les caractéristiques nationales qui diffé-
rencient, par exemple, la Turquie de la Suisse et la

France de l'Allemagne. Une proposition de fédérer des unités politiques aussi disparates provoquerait de tous côtés une prompte résistance.

Des types de gouvernements approximativement identiques paraissent seuls convenables pour toute véritable organisation internationale qui pour constituer un organisme doit être composée d'organes mutuellement adaptables. En un mot, les divers éléments de cet organisme doivent être chacun des expressions d'une vie commune. Les états absolus et les états constitutionnels n'appartiennent pas à la même espèce de corps politiques. Il existe entre eux une hostilité inhérente. Tout essai de les incorporer à une ligue en vue d'imposer la paix aboutirait à créer de nouvelles causes de guerres. Cet essai a déjà été fait et il a abouti à un échec complet. La Sainte-Alliance fut organisée pour soutenir les idéals internationaux les plus élevés des puissances signatrices, n'ayant « aucun autre objet que de publier, à la face du monde entier, leur résolution arrêtée de prendre pour leur seul guide de gouvernement, dans l'administration intérieure de leurs états respectifs comme dans leurs relations politiques avec chaque autre gouvernement, les préceptes de la sainte religion qu'enseigne Notre Sauveur, c'est-à-dire la Justice la Charité chrétienne et la Paix. » Cependant la Grande-Bretagne et la France ne purent entrer dans cette alliance dont le véritable objet était d'assurer la tranquillité en écrasant dans l'œuf tous mouvements ayant un caractère constitutionnel ou d'indépendance nationale. Comme Alison

Phillips l'a clairement montré dans son ouvrage sur
« La Confédération de l'Europe » « le libre jeu d'un
système fédéral international exige une bien plus
grande uniformité d'institutions politiques et d'idées
parmi les nations du monde qu'il n'en existe pour le
moment. »

La différence fondamentale entre les états, ainsi
que nous l'avons déjà fait remarquer, réside dans la
manière de concevoir la souveraineté. Dans le cas des
états constitutionnels, il y a eu une limitation du pouvoir du Souverain et dans les grandes démocraties il
s'est produit une modification dans la conception de la
souveraineté elle-même. Aux États-Unis, par exemple,
on a beaucoup discuté la question de savoir si la souveraineté appartient au gouvernement fédéral ou aux
États séparés. La vérité est que dans son sens absolu
de pouvoir illimité, elle n'appartient ni à l'un ni aux
autres, même pas au peuple, dont la conviction sur
la question est exprimée par la déclaration que le gouvernement existe seulement « pour garantir les droits
des gouvernés » et est par conséquent essentiellement
limité. C'est la doctrine de la Déclaration d'Indépendance et de tous les bills de droits dans lesquels
l'idée de souveraineté n'est pas explicitement reconnue ; et ce mot que le système américain n'aurait jamais inventé est devenu le sujet d'une discussion étendue. Le résultat de cette dernière est que, tandis que
certains pouvoirs appartiennent au gouvernement fédéral et d'autres aux gouvernements des états particuliers, ils doivent être considérés comme étant d'un

rang égal sans que les uns puissent exercer sur les autres une suprématie sans réserve et absolue. Dans les questions internationales on n'a jamais soutenu sérieusement que l'autorité des Etats-Unis dépassât en quoi que ce fût ce que « les Etats indépendants peuvent faire *de droit* », comme le dit la Déclaration d'Indépendance.

Il est évident que les pouvoirs autocratiques, basant leur autorité sur les postulats de l'absolutisme n'accepteront, ne peuvent d'ailleurs logiquement accepter cette interprétation de l'autorité de l'état essentiellement limitée avec, comme conséquence, l'existence d'obligations internationales inhérentes et les liant, par la raison que ces limitations et obligations sont à leur point de vue des empiétements sur la volonté sans limite du souverain.

On peut dire que ces limitations et obligations cessent d'être des empiétements lorsqu'elles sont librement et explicitement acceptées par le Souverain, et qu'alors elles sont aussi obligatoires entre gouvernements absolus qu'entre gouvernements constitutionnels. Mais cette remarque élude la question fondamentale qui est de savoir s'il y a des obligations issues de la nature essentielle de l'état qui soient susceptibles de régir les rapports et la conduite des états souverains et que ceux-ci ne puissent pas rejeter par un acte arbitraire de volonté ; car, s'il existe des obligations qui les lient nécessairement entre eux de par la nature de l'état, un état, quoique souverain, ne peut pas être libre de les rejeter ; mais si, au contraire, comme l'affirme la théorie absolutiste de l'état, la souveraineté de l'état est illimitée, un tel état n'est lié que par sa propre volonté qui est accidentelle et changeante. Sa volonté de rejeter une obligation est aussi absolue que sa volonté de l'accepter.

C'est donc par conséquent par une modification de l'idée de la souveraineté absolue qu'on peut espérer trouver une organisation pacifique permanente de l'humanité. Et à moins de partir de ce postulat que l'état est fondé sur les droits inhérents des citoyens qui le composent et atteint donc la limite de son autorité là où finissent leurs droits collectifs de sécurité et de possession, nous n'aurons aucun principe constructif sur lequel baser une meilleure organisation du monde. Le droit de la force arbitraire agressive une fois admis, quelles que soient la noblesse et l'élévation de ses buts, l'impérialisme triomphe ; et si l'impérialisme doit triompher, il créera ses propres règles d'action qui seront un défi au droit international.

A la base de tout projet pratique d'organisation du monde il est nécessaire de poser ce postulat que toute libre communauté d'hommes peut former un gouvernement pour la protection des droits inhérents à chacun de ses Membres. Mais ce droit politique fondamental que nous appelons du nom ambigu de « Souveraineté » n'est nullement un droit illimité. Il est d'abord limité nécessairement par les droits semblables des autres communautés coexistantes. Il est ensuite limité bien davantage par le fait de l'existence de ces droits personnels inhérents que nul gouvernement n'a le droit de supprimer.

C'est pourquoi il est absolument inutile d'attendre qu'un projet de gouvernement international pratique puisse être réalisé avec des gouvernements qui admettent le caractère absolu de la souveraineté. Aucun traité ne les oblige, car ils se réservent toujours le droit de le violer chaque fois qu'ils croient y avoir un intérêt. Aucun droit international ne peut les contrôler puisqu'ils ne veulent pas admettre qu'il existe une loi qui ne soit un décret absolu du pouvoir souverain. Il n'y a au-dessus d'eux ni congrès ni conférences, puisque ces assemblées n'ont d'après eux aucune autorité. Par conséquent nouer des rapports contractuels avec des pouvoirs qui ne se reconnaissent pas soumis à la loi morale équivaut à écrire sur l'eau courante. Ils n'ont aucune valeur. Qu'attendre, en effet, d'un pouvoir qui prétend posséder un droit illimité d'expansion nationale, droit qui n'est restreint que par ses moyens d'attaques contre ses voisins ? L'expression polie employée pour désigner ce privilège exalté est « liberté d'évolution nationale ». Mais que signifie cette liberté d'évolution nationale sinon la liberté pour une nation de faire tout ce qu'elle désire sans tenir compte des intérêts collectifs des autres puissances et des limitations imposées par des principes de droit arrêtés ?

Il est donc évident que toute forme effective de gouvernement international implique au moins jus-

qu'à un certain point la renonciation à la souveraineté absolue. Jusqu'à quel point? Certainement pas
au point d'admettre l'interférence dans les affaires
purement intérieures de l'état. Mais jusqu'à un degré
qui permette d'admettre le jugement collectif d'au
moins un groupe d'états sur des questions strictement internationales dans lesquelles ils ont un intérêt.

Il y a lieu de faire ici une double distinction :
1° entre les questions strictement intérieures des états
séparés et les questions strictement internationales ;
2° entre les états capables de s'unir sur un pied d'é-
galité pour la solution des questions purement internationales et les états qui ne veulent pas se soumettre à une décision collective.

Il peut être souvent délicat de distinguer entre ce
qui est purement domestique et ce qui est, à proprement parler, international, dans l'action des pouvoirs souverains. Dans le passé les grandes puissances
n'ont jamais hésité à intervenir dans les affaires entièrement domestiques des petits états; à propos, par
exemple, des réformes administratives en Turquie et
des tarifs douaniers en Chine. Une pareille interférence constitue sans aucun doute une atteinte à la
souveraineté. Elle ne peut être justifiée que lorsqu'elle a pour but de supprimer un état de choses
interne qui lèse cependant les droits de puissances
étrangères, comme par exemple l'existence d'un état
d'anarchie, une barbarie inhumaine ou une forme
persistante de mauvaise administration. Mais lorsqu'elle n'a d'autre but que l'extorsion d'un avantage

commercial, il ne saurait y avoir de justification. Il est par conséquent naturel que des états petits et faibles se sentant exposés à de pareils abus de la part de pouvoirs plus forts, redoutent toute forme de contrôle international qui puisse porter injustement atteinte à leur souveraineté. Aussi serait-il nécessaire de marquer clairement, dans tout projet de constitution conçue comme le mandat légal d'un gouvernement international, les limites dans lesquelles il pourrait agir afin de protéger les états faibles contre l'intervention abusive des forts.

Il est aussi évident que la formation d'une union générale en vue de l'établissement d'une législation, d'une juridiction et de voies d'exécution impliquerait de graves problèmes. Pendant que tous les états indépendants, quelle que soit leur importance et leur pouvoir, sont juridiquement égaux, ils ne sont pas cependant égaux dans un sens économique ou militaire. Si par conséquent leur représentation dans les corps internationaux — législatifs, judiciaires et exécutifs — était égale, ce seraient les grandes puissances qui se trouveraient jusqu'à un certain point soumises à la volonté des petits états auxquels il leur serait certainement difficile de se soumettre. Si, au contraire, la représentation était proportionnelle à la richesse, à la population, à l'étendue du territoire ou à tout autre critérium analogue, les petits états se sentiraient exposés à être submergés par leurs voisins plus puissants. Enfin il y aurait une incompatibilité inhérente entre les pouvoirs absolus et les pouvoirs constitutionnels, les premiers n'étant pas disposés à se soumettre aux restrictions que leur imposeraient nécessairement les principes généraux de la loi ; les derniers étant incertains de la bonne foi des pouvoirs dont la politique est en principe opposée à toute contrainte extérieure et à laquelle ils pourraient, à un moment critique, décider soudain de renoncer, d'accord en cela avec leur théorie de l'absolutisme.

Nous sommes donc amenés à repousser décidément la théorie qu'un gouvernement général international est possible au désirable. Une pareille organisation, en effet, comprendrait nécessairement les grands et les petits états, des empires et des démocraties, des puissances rongées d'ambitions mondiales inassouvies et de petites, minuscules, souverainetés sortant à peine d'une demi-barbarie ; et parmi elles de simples aspirants à une nationalité non encore nettement caractérisée, états encore informes, en réalité simples vassaux ou protégés des grandes puissances, mais revendiquant tout de même âprement leur droit égal de vote dans le corps international.

En fait, ce qu'il y aurait de plus raisonnable comme organisation internationale apte à légiférer et à juger, ne serait-ce pas, du moins au commencement, un groupe solide mais limité de puissances ? Chacune d'entre elles étant décidée à sacrifier quelque chose de sa propre souveraineté dans le but d'assurer la paix et l'équité, elles constitueraient ainsi une force cohérente qui ne reposerait plus sur le principe

de l'équilibre des forces, un noyau de l'union future
de toutes les nations responsables et socialement in-
clinées vers un idéal de paix. Ce groupement devrait
naturellement posséder une force suffisante pour
défendre ses membres contre une attaque et pour
protéger même l'indépendance des petits états dési-
reux d'entrer dans son sein. Ce ne serait pas nécessairement une fédération, ce qui impliquerait la
création d'un nouvel état, ni même une alliance. Ce
pourrait être en substance la simple reconnaissance
formelle de l'existence d'une société d'états réelle
et non purement fictive, basée sur des intentions
communes et une déclaration de principes définis
de droit que les membres s'engageraient à accepter, à observer et à défendre.

Cependant une pareille société d'états serait tout
de même une pure fiction de l'esprit si elle ne possé-
dait des pouvoirs législatifs, judiciaires et exécutifs.
Il est possible qu'une société d'états possède, jusqu'à un certain point de pareils pouvoirs sans constituer nécessairement un nouvel état. L'établissement
de nouvelles relations n'équivaut pas à la création
d'une nouvelle entité. Or, ce n'est simplement que
l'établissement de nouvelles relations qui est ici en
vue. Ce ne serait pas le développement d'une nouvelle
souveraineté, mais simplement l'action concomitante
de souverainetés préexistantes. Pour des états constitutionnels il n'y a virtuellement aucune remise d'autorité souveraine dans le fait de se soumettre à une

loi internationale : étant eux-mêmes constitués pour la justice, fin de leur existence, le droit international ne saurait contredire rien d'essentiel en eux. Pour un état absolutiste, naturellement, le cas est différent. Prétendant posséder une autorité illimitée et trouvant la fin de son existence dans l'augmentation de son propre pouvoir, l'état absolu ne se considère pas comme obligé d'accepter une loi qui n'est pas l'expression de sa propre volonté.

C'est là la raison pour laquelle les conférences de La Haye de 1899 et de 1907 furent presque stériles en tant que corps législatifs. Elles furent pourtant considérées généralement comme des assemblées ayant mission de faire des lois sujettes d'ailleurs au veto par le refus des états séparés de les ratifier. Dans la première conférence vingt-six états, dans la deuxième conférence quarante-quatre états — tous les états indépendants du monde à l'exception de quatre — s'unirent pour élaborer des conventions devant avoir un caractère légal et universel. Mais les objets de ces conventions furent extrêmement limités, parce que, les deux fois, le champ d'étude fut restreint par suite d'un accord préalable. L'unanimité était nécessaire pour assurer l'adoption par la conférence de chaque paragraphe séparé et les conventions qui avaient réussi à triompher de ces difficultés étaient encore nulles et non avenues pour toutes les puissances qui ne les ratifiaient pas expressément. Il n'est donc pas surprenant que le résultat ait été plutôt maigre.

Pendant que ces conférences prouvent qu'une législation internationale est possible par une association de pouvoirs souverains, elles montrent aussi ce qui leur a manqué et ce qui est nécessaire pour les rendre réellement fécondes. D'abord, l'unanimité stricte doit être abandonnée : les nations doivent admettre leur obligation d'obéir aux règles internationales ayant reçu l'assentiment sinon de la majorité pure et simple du moins d'une très importante pluralité. Cela, les gouvernements absolutistes ne l'accepteront jamais, car ils n'ont que faire de règles qui peuvent leur être désavantageuses quelque justes qu'elles puissent être. Mais un état constitutionnel peut accepter toute règle juste sans rien abandonner de ses droits souverains, car il ne revendique aucun droit qu'une législation équitable puisse mettre en péril.

Le principal problème est donc celui-ci : comment organiser une conférence internationale réunie pour perfectionner le droit international de manière à prévenir une législation injuste ou *ex parte*. La seule méthode pratique, peut-être, serait celle-ci : d'abord, les nations résolues à participer à une pareille conférence et à en accepter les décisions commenceraient préalablement par discuter entre elles par voie de négociation le cadre général d'une constitution avec des pouvoirs définis et limités. La procédure devant être nécessairement expérimentale, on laisserait à la conférence elle-même le soin d'amender et de mettre au point subséquemment, tout en respectant les principes essentiels du projet et les droits explicitement réservés par les états participants. Pour des raisons déjà énoncées une pareille conférence ne serait pas universelle. A La Haye, on avait estimé nécessaire que la conférence fût universelle : d'où la règle de l'unanimité absolue. On craignait aussi d'isoler une ou plusieurs puissances qui auraient pu dès lors faire échec à la conférence sur toutes les questions capitales et empêcher ainsi l'adoption des mesures les plus nécessaires à la paix et à la sécurité du monde.

Certes, l'unanimité est grandement désirable ; mais il serait cependant absurde qu'une seule puissance récalcitrante, fût-elle une grande puissance, puisse rendre vains les efforts de toutes les autres. Une pareille procédure non seulement interdit la possibilité d'arriver à une solution dans toutes les questions d'intérêt vital, mais elle peut même empêcher la discussion des sujets dont l'étude est une nécessité pressante. A la fin de la seconde conférence de La Haye, après quatre mois d'études dans l'art délicat de n'arriver à aucune conclusion, sous des maîtres consommés dans l'art de la diplomatie obstructive, beaucoup des délégués les plus réfléchis étaient d'avis d'une seconde conférence réunie dans les mêmes conditions serait une perte de temps et d'énergie.

Quelle devrait donc être la compétence d'une conférence internationale ? Quelle autorité pourrait-on lui confier avec sagesse et sécurité ? En d'autres termes, jusqu'à quel point une nation indépendante peut-elle se soumettre aux décisions collectives d'une pareille assemblée ?

Son indépendance politique et son intégrité territoriale étant réservées dans le mandat constituant une pareille conférence — à supposer qu'elle soit exclusivement composée d'états constitutionnels — pourquoi ne se soumettrait-elle pas à toutes les décisions ayant un caractère de lois générales qu'après ample discussion une imposante majorité accepterait et prendrait l'engagement d'observer ?

Nous touchons ici au nœud de toute la question de l'organisation internationale. En effet, si tout doit être strictement volontaire, une telle organisation est inutile. Mais si au contraire tout est obligatoire, c'est la fin de l'indépendance de l'état et le transfert de sa souveraineté à un corps central.

La clef du problème, nous la trouvons dans l'expression « décisions ayant le caractère de lois générales ». Il n'y a aucune raison pour que de pareilles décisions prises en tenant compte des réserves constitutionnelles ne soient pas librement acceptées comme obligatoires. C'est d'ailleurs le seul moyen par lequel les règles du droit international sont susceptibles d'être portées à un haut degré de perfection. Et c'est leur perfection — c'est-à-dire leur plus ou moins de conformité aux principes de la justice — qui peut seule fournir une base pour la vie normale d'une société d'états.

Un corpus de lois acceptables étant donné, le mécanisme nécessaire du gouvernement international se réduit à une extrême simplicité. Vient ensuite le besoin de la décision judiciaire. La répugnance qu'éprouvent les gouvernements constitutionnels à soumettre leurs différends à l'arbitrage ne provient pas d'un désir d'agir injustement. Elle provient plutôt de cette conviction qu'en l'absence totale de critériums fixes de jugement, on ne saurait arriver qu'à des décisions purement arbitraires — simples essais pour mettre fin au différend par des expédients et des compromis qui ne représentent la justice pour aucune des parties. Lorsque la loi est claire, il est relativement facile d'amener un gouvernement responsable à soumettre à un tribunal international des différends qui pour employer le terme technique sont « justiciables » c'est-à-dire qui ont un caractère légal. Mais il est évident que la raison pour laquelle tant de questions internationales n'ont pas un caractère légal consiste simplement en ce que la loi est si incomplète, si imparfaite, ou que les coutumes sont si contradictoires, qu'on n'aperçoit aucune base légale de solution, puisqu'il n'y a virtuellement aucune loi définie sur la question.

Le remède sera simple. Il consiste à perfectionner la loi ; et la loi ne peut-être perfectionnée que par le moyen de la discussion et de la décision au cours d'une conférence internationale dont les membres acceptent leur *bona fide* mutuelle et respectent les jugements collectifs clairs, sages et prépondérants des délégués.

Il est vrai que des difficultés se sont élevées concernant la formation d'une judicature internationale. La raison principale provient de l'idée qu'un pareil tribunal doit avoir un caractère universel, c'est-à-dire que chaque état doit avoir un représentant sur le banc international. Une cour composée de quarante-quatre juges n'aurait aucun caractère pratique. Ce n'est d'ailleurs nullement nécessaire. La supposition que chaque état doit être représenté au sein de la cour provient de cette idée que chaque état doit siéger dans sa propre affaire, ce qui est absurde. Cette idée provient entièrement du vague et de l'imperfection de la loi qui soumet un différend au jugement personnel d'un juriste qui peut être influencé dans sa décision par ses préjugés nationaux. Mais lorsque la loi est claire et complète, la décision est grandement simplifiée. Il n'y a alors qu'à établir les faits qui doivent reposer sur un témoignage suffisant et à appliquer la loi aux circonstances de l'affaire. Le péril du préjugé national dans ces conditions se trouve virtuellement écarté ; et lorsque la loi se trouve clairement énoncée, les qualités nécessaires à un bon juge international sont simplement l'honnêteté commune et la claire intelligence qui ne sont pas heureusement des monopoles nationaux et ne sont pas impossibles à trouver.

Quant à la forme ou à la constitution de la cour, c'est une question beaucoup moins importante qu'on ne le croit ordinairement. L'important est qu'il y ait une cour compétente prête à fonctionner. Pour les affaires ordinaires, peut-être, un petit tribunal permanent d'experts juristes, toujours prêt à entendre les causes suffirait ; pour les controverses spéciales, et délicates, des juges spécialement choisis *ad hoc* par les parties.

Lorsqu'on en arrive à l'exécution des décisions judiciaires, d'autres difficultés se présentent, mais la plupart d'entre elles sont imaginaires, du moins en ce qui concerne les états constitutionnels, car ces derniers sont habitués à accepter sans hésitation les décisions de cours dûment constituées. Quant aux gouvernements absolus basés sur la force et non sur la loi, ils sont par définition hors la société des états comme nous les concevons ici. Il y aurait les mêmes inconvénients à les admettre au sein de ces cours, qu'à inviter une bande de voleurs de grands chemins à faire partie d'un corps de police pour assurer la sécurité de la propriété.

La conséquence naturelle du refus de respecter la décision d'une cour internationale acceptée serait que l'état récalcitrant serait à partir de ce moment considéré comme étant hors la loi et traité comme tel.

Jusqu'à quel point la force militaire pourrait-elle être employée pour assurer le respect des obligations internationales ? C'est là une grave question. L'usage de la force militaire signifie purement et simplement la guerre. La question peut donc se poser : pour quelles fins les nations seraient-elles prêtes à faire la guerre ? Certainement pas pour aucun des objets susceptibles d'être réalisés pacifiquement sans sacrifier aucun droit essentiel ; certainement pas pour une pure idée abstraite de la paix, en dehors de circonstances particulières, connues et concrètes. Donc, aucune nation sage n'entrera dans une ligue générale « pour imposer la paix », qui pourrait l'entraîner à des obligations odieuses à son jugement et à sa conscience. Pourtant un pareil accord obligerait solennellement tous ses cosignataires à maintenir le *statu quo*, au moins temporairement, dans toute situation injuste. L'imposition d'un délai n'offrirait pas moins de danger, car il serait susceptible de produire des conséquences pires qu'une prompte action. Mais on pourrait à juste titre faire une déclaration internationale sur ce qui peut constituer une cause juste ou injuste de guerre. Cette déclaration serait pour les agresseurs injustes un avertissement et pour les neutres une indication précieuse pour les aider à savoir où placer leurs sympathies au cas où les règlements internationaux seraient violés. Il n'est pas concevable que des hommes d'état prudents s'unissent jamais dans un engagement de faire la guerre dans des circonstances qui leur sont totalement inconnues et n'affectant ni les intérêts directs des puissances qu'ils représentent respectivement ni leurs obligations spécifiques envers leurs voisins et leurs alliés. La moralité internationale trouvera son champ de développement le plus favorable dans un état de choses qui laissent les nations libres de consulter, en pareil cas, leur raison et leur conscience à la lumière des circonstances.

Il reste, naturellement, un grand nombre de questions internationales qui ne peuvent trouver place dans les prévisions du droit international ou être soumises à la décision des cours. Ce sont les questions de politique nationale dont chaque nation doit se réserver la solution. Quels moyens prendra chaque

nation pour sa propre défense, sur terre ou sur mer?
— à elle seule de le décider ainsi que où trouver
ses amis et qui considérer comme ses ennemis.

Mais cette réserve au sujet de l'indépendance nationale n'exclut nullement des relations internationales
en dehors de celles qui ont trait à la détermination
et aux voies exécutoires du droit international. Il
reste, en effet, un champ assez vaste pour l'entretien
de relations sociales amicales, les échanges de vues
et de bons conseils et la culture de toutes les influences qui entretiennent la confiance et consolident
l'amitié. C'est là l'œuvre de la diplomatie qui verra sa
tâche allégée, mais nullement rendue inutile par le
perfectionnement du droit international et le recours
aux tribunaux internationaux.

La diplomatie, envisagée comme il faut, est une
fonction créatrice. Elle fraie un chemin à des ententes
meilleures et des relations plus étroites. Les nations
sont constamment occupées à forger un monde nouveau. De nouveaux besoins, de nouvelles inventions
ouvrent incessamment la voie à de nouveaux contacts
internationaux. Il n'y a plus aujourd'hui de possibilité
d'isolement. Il n'y a plus place dans le monde moderne
pour une nation ermite. Le commerce renverse les
vieilles barrières et la multiplication de nouveaux
désirs, même chez les peuples à demi-barbares,
ouvre de nouveaux ports et de nouveaux marchés.

Le monde entier est maintenant contraint de penser
et d'agir internationalement. Le public se rend à
peine compte de ce qui a été accompli au cours du

dernier siècle au point de vue de l'organisation des relations internationales par la création d'organismes tels que l'Union Postale Universelle, l'Union Télégraphique, l'Union Radiotélégraphique, l'Union métrique, l'Association géodésique et une demi-douzaine d'autres associations administratives ou permanentes et quasi-législatives, ayant toutes un caractère international.

Il existe aussi d'ailleurs plusieurs conférences périodiques relatives à la propriété industrielle, à la propriété littéraire et artistique, aux transports par chemins de fer et transocéaniques, au sauvetage maritime, à la Santé, à l'usage et à la vente des poisons et drogues nuisibles, aux statistiques commerciales, aux questions monétaires, et autres affaires d'un intérêt général humain. Il faut y ajouter les commissions permanentes telles que le Bureau du Tribunal de La Haye, la Commission des Sucres, la Commission de l'Opium, le Comité de la Carte du monde, le Bureau pour la publication des tarifs douaniers, etc...

Certaines de ces institutions ont un caractère officiel et sont le résultat de l'activité diplomatique ; d'autres sont le résultat de l'initiative privée ; mais toutes unissent leurs efforts pour unifier les nations et les accoutumer à coopérer et à se soumettre à des décisions collectives.

Le succès de ces efforts suggère l'utilité d'une action commune encore plus ample pour le traitement de ces problèmes qui ne peuvent être résolus par des moyens légaux parce qu'ils n'ont pas un caractère strictement juridique mais appartiennent au domaine de la politique nationale.

Je fais allusion à ces grandes questions internationales à caractère surtout économique, qui créent les conditions mêmes de l'impérialisme économique et qui plus que toutes autres causes mettent en danger la paix du monde. La semence des guerres futures, on la trouvera dans les contrées non encore développées. Incapables de se protéger elles-mêmes, elles sont obligées de compter sur la protection de nations plus puissantes et elles deviennent souvent victimes de leurs desseins. La Chine, la Perse, le Maroc, la Turquie, les Etats Balkaniques, l'Afrique du Sud ont été les grands centres de troubles internationaux. Ce n'est pas que ces contrées ne soient seulement des marchés pour l'industrie. Une rivalité de marchands serait relativement inoffensive. L'impérialisme économique a ses racines dans l'exportation de capital cherchant des placements avantageux et sûrs dans des pays arriérés, dans la course aux concessions, dans les influences politiques qui les arrachent et surtout dans le pouvoir gouvernemental étranger qui appuie et soutient ces extorsions. La rivalité pour le monopole entre sujets ou citoyens de différents gouvernements finit par aboutir à une fiction. Les intrigues suivent, les contrats s'opposent entre eux ou sont dénoncés, on insiste sur les droits acquis et de puissantes influences financières sont mises en jeu pour exiger l'emploi des armées et des flottes pour les soutenir. L'impérialisme dynastique masque ses desseins politiques

sous le prétexte de prétendus droits et intérêts nationaux et saisit l'occasion de faire une guerre populaire ; tandis que faute de prétexte et d'excuse il se
serait produit dans le pays une opposition à une aventure militaire.

On ne peut soutenir que le développement des
pays arriérés n'est pas désirable ou que la protection
de ses propres ressortissants nationaux par un gouvernement n'est pas un devoir. Au contraire, c'est
seulement grâce aux capitaux étrangers que les ressources de ces territoires négligés peuvent être utili-
sées pour le profit de l'humanité ; et chaque citoyen a
le droit d'en appeler à son gouvernement pour le protéger contre l'injustice même dans un pays étranger.
L'extension de la civilisation sur la terre exige l'initiative du pionnier et l'affirmation de l'autorité civile.
Le crime des gouvernements est que dans un but d'a-
vantage politique ils associent les affaires aux projets
d'une entreprise militaire ; et la folie du monde des affaires est qu'il invite le pouvoir de l'épée à fausser l'équilibre de la concurrence commerciale, s'engageant ainsi
dans des dépenses militaires qui pèsent lourdement sur
l'activité industrielle et commerciale en temps de paix
et la mènent au bord de la ruine en temps de guerre.

De ces faits indéniables on tire quelquefois deux
conclusions fausses : d'abord que les capitalistes qui
placent leurs fonds à l'étranger et les diplomates
conspirent contre la paix ; ensuite, que tous ceux
qui se lancent dans des entreprises à l'étranger mé-

ritent à cause de leur cupidité de supporter des pertes si leurs affaires tournent mal.

Ni l'une ni l'autre de ces deux conclusions n'est fondée et ne peut sé soutenir. Si toutes les nations y souscrivaient ce serait la fin de tout commerce avec l'étranger. Il est vrai que les capitalistes qui font des placements à l'étranger cherchent à s'assurer la protection de leurs gouvernements et que ces derniers, s'ils sont sages, doivent la leur accorder. Mais ni l'un ni l'autre ne font tort à personne. Le mal est que, au lieu de conduire les affaires à l'étranger d'après les principes propres aux affaires en général, par des accords internationaux et la coopération, les gouvernements, sans faire aucun effort pour éviter l'emploi de la force militaire, l'emploient au contraire volontiers comme un instrument de succès commercial et d'expansion territoriale. La possession de points importants permet le contrôle politique de lointaines régions et favorise ainsi l'extension impérialiste. Exploitation, monopole, colonisation et conquête, telles sont les phases successives de l'opération.

A de tels procédés appuyés par la force militaire, le droit international et les cours d'arbitrage n'offrent qu'une bien faible barrière. Tant que les politiques nationales ne changeront pas de méthodes, que de choses qui échapperont au contrôle de la législation internationale ! Mais ne saute-t-il pas aux yeux que ces purs intérêts commerciaux sont par nature sujets à la négociation et à la conciliation ? Dès que tout problème commercial est envisagé comme une pure affaire, toutes considérations d'ordre dynastique mises à part, il devient clair que l'extension de la civilisation par des moyens militaires n'est dans l'intérêt d'aucun peuple, pas même dans l'intérêt — bien compris — de ceux qui l'encouragent pour des raisons commerciales.

Il est donc grand temps pour les hommes d'affaires — grands manufacturiers, banquiers, armateurs et commerçants, de dire à leurs gouvernements : « Nous ne vous demandons pas de soutenir nos intérêts avec des armées et des flottes, mais nous voulons que vous nous donniez l'opportunité d'organiser les affaires du monde d'après des méthodes purement commerciales. Pendant que vos diplomates et vos juristes se rencontrent à La Haye pour résoudre des questions de droit, réunissez-vous dans un Congrès mondial avec les représentants des autres nations pour y envisager nos intérêts réciproques. Nous parlerons charbon, fer, fret, production de l'or, répartition ; nous nous faisons forts de démontrer que, si les gouvernements veulent bien ne pas s'en mêler et nous laisser faire nos affaires nous-mêmes, le monde entier sera bien nourri, bien chauffé, bien vêtu ; et, en même temps, nous aurons *tous* plus de richesse que nous n'en avons maintenant ou que nous pouvons en espérer avec le système militaire. Et lorsque, nous, les hommes d'affaires nous aurons établi nos plans et fait nos arrangements, nous vous demanderons à vous, gouvernements, de vous unir à nous, pour veiller à ce que les mers soient libres de pirates menaçant la vie et la propriété et nous assurer que les forces unies des gouvernements civilisés sont derrière nous pour nous protéger contre tout dol ou abus de la part de l'un quelconque d'entre eux. »

En résumé, un Conseil international de conciliation commerciale, composé de représentants du monde des affaires, appuyé par de nombreuses conférences générales. Ce Conseil, sans autre force derrière lui que l'évidence des faits et le pouvoir de persuasion, pourrait, avec l'aide d'une large publicité, faire plus en cinq ans pour la paix et la prospérité du monde que toutes les négociations secrètes des diplomates appuyées par toutes les armées du monde. Si les affaires du monde étaient une bonne fois franchement établies sur une base mondiale, la communauté des intérêts aurait tôt fait de décourager la guerre, car les guerres modernes ont généralement pour origine les inégalités et les ambitions économiques. Et les agents du pouvoir économique, s'ils n'étaient pas alliés avec la puissance militaire entretenue dans l'intérêt des desseins dynastiques, pourraient plus facilement les satisfaire par des moyens purement économiques.

Il reste la question de la liberté des voies maritimes, sentiers des relations mondiales, dont quelques nations sont exclues, la question de la « porte ouverte » dans les pays de marchés encore libres, enfin la question des « murs de tarifs ». Ce sont là aussi questions d'affaires et problèmes d'hommes d'affaires que l'épée ne saurait jamais résoudre d'une manière satisfaisante. Presque toujours on les a regardées aussi comme des questions purement politiques et on les a traitées comme telles. Mais toutes les questions politiques sont principalement des questions de profit ou de convenance et non des questions de droit ou de tort, quoiqu'elles puissent cependant impliquer une question de droit ou de tort. La différence est importante, car le droit et le tort ne peuvent faire l'objet d'un compromis, tandis que les convenances et les bénéfices sont toujours affaires de transaction. Il n'y a donc rien d'insoluble dans ces problèmes à propos desquels on peut discuter mais non se battre.

Problème économique autant que juridique, l'organisation internationale doit être réalisée par une combinaison de facteurs gouvernementaux et de facteurs commerciaux. On ne saurait confier la totalité de la tâche ni aux uns ni aux autres. Les besoins matériels du genre humain ne peuvent être réglés par de rigides formules légales qui imposeraient un despotisme trop déprimant pour pouvoir être supporté. Mais d'un autre côté, les motifs purement commerciaux, laissés entièrement libres, pourraient aboutir à d'intolérables trusts commerciaux qui finiraient par devenir plus puissants que les gouvernements eux-mêmes. Ils doivent donc être l'objet d'un contrôle légal. C'est donc par la coopération de ces deux facteurs, économique et légal, que l'organisation internationale réalisera ses fins normales pour le bien être de l'humanité.

CHAPITRE VII

LE POUVOIR CONSTRUCTEUR
DE LA DÉMOCRATIE

L'impérialisme a détruit l'Europe et ne saurait la reconstruire.
— La Démocratie. — Démocratie et Autocratie. — Nature de
la loi. — Nature de l'état. — L'état n'existe que pour protéger
les droits naturels des citoyens. — Autocratie signifie guerre.
— La démocratie établira la paix et reconstruira la conception de l'état.

Au point de vue de ses conséquences sur le problème de l'organisation internationale, une des questions fondamentales dans le grand conflit qui éclata
en Europe en 1914 et s'est maintenant étendu au
monde entier paraît être de savoir qui finalement
triomphera, de l'autocratie ou de la démocratie. La
guerre qui, au début, n'était, en apparence, qu'une
simple lutte pour une question de prédominance nationale, est devenue aujourd'hui la bataille des institutions et des systèmes de loi. Le monde sera-t-il
gouverné par la force ou par la loi? Et s'il est gouverné par la loi, qui peut dire ce que sera cette loi ?
Aucun homme réfléchi ne peut douter plus longtemps que l'impérialisme n'ait détruit l'Europe et
qu'il ne soit incapable de jamais la reconstruire. Et

cela pour une raison évidente. Impérialisme signifie domination par la violence d'une nation sur les autres. Les politiques impérialistes non seulement sont entrées en conflit, mais elles sont par elles-mêmes incapables de réconciliation.

Un appel est donc maintenant adressé à la démocratie pour rétablir la paix, l'ordre et la confiance mutuelles dans le chaos produit par le régime autocratique. Toutes les aspirations pour la création d'un monde véritablement humain — d'un monde où prévaudront les principes généraux de justice — paraissent se rassembler autour de ce mot comme s'il était la dernière espérance de l'humanité. Jamais auparavant le besoin d'un grand principe constructeur dans les affaires internationales n'a été aussi apparent. Jamais auparavant le moment opportun de son intervention ne fut aussi favorable. Jamais auparavant l'humanité, comme si elle était inspirée par une commune impulsion, n'a si complètement brisé les traditions autocratiques. C'est aujourd'hui un fait que les quatre cinquièmes de la surface habitable du globe sont voués aux aspirations de la démocratie ; et sur cette superficie au moins les trois quarts de la race humaine. La Chine avec ses quatre cents millions d'êtres humains et la Russie avec près de deux cents millions ont rejeté le joug de l'absolutisme et se sont jointes aux grandes républiques de l'Ouest pour mener à bien la tâche immense du « self-government » national.

Elles aussi, dans cette guerre, sont pour la démocratie. Que signifie donc pour elles ce vieux mot grec qui a eu une histoire si brève et qui est si riche de conséquences ? Quelle philosophie se cache en lui ou derrière lui ? Quelle nouvelle direction nous indique-t-il ? Quelles énergies nouvelles libère-t-il ? Quels nouveaux idéals dresse-t-il ? Quelles nouvelles réalisations implique-t-il ? Favoriseront-elles ou non le travail mystérieux de ce nouveau levain qui semble devoir changer la destinée des nations ?

Si la démocratie n'était qu'une pure répudiation de l'autocratie, un simple moyen d'échapper à l'autorité, un objet flottant dans le vide, ce serait sans aucun doute pour toute nation une bien dangereuse expérience à tenter. Elle commence, en vérité, par une demande de liberté, mais elle n'est nullement une conception négative. Elle est plutôt une force constructive. La liberté est le renversement des obstacles aux activités humaines les plus grandes, les plus pleines, les plus fécondes. Mais elle n'est pas une fin, elle est seulement une condition. Et ce que réclame cette condition c'est la somme entière d'attente et d'effort de l'humanité pour arriver à se réaliser elle-même en pensée et en action. C'est, en un mot, l'humanité se pressant vers son but suprême.

C'est cette puissante et irrésistible force intérieure qui donne une signification à la démocratie. Elle est impérative, elle est irrésistible. En supprimant la personne individuelle, cette aspiration peut sembler pouvoir être détruite pendant quelque temps. Mais, à un moment inattendu, elle éclatera de nouveau et balayera tout devant elle. C'est essentiellement une masse en mouvement. Isolée, la personne individuelle est timide, circonspecte, obséquieuse même. Uni, le peuple est audacieux, impérieux, écrasant.

« La volonté du peuple » — comme le démagogue aime y faire appel, comme il l'invoque, l'inspire, l'utilise, et l'approprie à l'accomplissement de ses desseins ! Comme elle répond immédiatement à tout contact ardent qui évoque son expression ! Le sentiment de la contrainte évanoui, la perspective des désirs réalisés, l'impulsion d'un pouvoir tout neuf — quelle exaltation, quelle intoxication !

Mais si c'était tout, si le changement de régime n'avait d'autre résultat que cette exaltation de l'esprit, nous pourrions expliquer l'origine des révolutions, mais nous ne pourrions les justifier devant notre intelligence. Lorsqu'on en vient à la question de philosophie politique et qu'on nous demande d'établir l'excellence substantielle de la démocratie, nous entrons dans un champ de discussion singulièrement vaste. Accordons l'existence d'un haut degré d'intelligence : cela seul n'assure rien. L'homme est un être aux désirs mélangés; certains sont bons, certains sont mauvais. Dans ce qu'on appelle « la volonté du peuple », tous ces désirs dissemblables entrent en composition comme motifs ou impulsions. Qu'est-ce qui prouve que cette volonté sera toujours une volonté bienfaisante ? Comment saurons-nous qu'elle n'est pas quelquefois basse et égoïste ? Comment serons-nous sûrs que le mal ne l'emporte pas sur le bien, le grand nombre sur le petit

nombre; le vice sur la vertu, le paresseux et l'impré-
voyant sur le laborieux et le prudent? Quelle sécurité, dira-t-on, garantira aucun principe de droit, là où
prévaut la volonté arbitraire d'une majorité souveraine?
Qui pourra être tenu responsable dè ses actes ? Qui
l'empêchera de se mal conduire? Pourquoi mettons-
nous l'écriteau : « Méfiez-vous des pick-pockets », dans
les grandes assemblées et accroissons-nous les forces
de police à mesure que la foule grossit ? Si, en tant
que totalité, elle est honnête, pourquoi la masse a-
t-elle besoin de se garder avec tant de soin contre elle-
même? Si la vie et la propriété sont plus en sécurité
sous la protection d'un agent payé que confiées aux
impulsions spontanées d'une multitude, n'est-il pas
plus sage, dira-t-on, de concentrer le pouvoir illimité
dans les mains d'un maître capable, mis à part dans
ce but et placé en deçà de l'influence des motifs ordinaires ?

C'est, en fait, la thèse de ceux qui défendent l'idée
de monarchie comme forme de gouvernement. Une
fois admis qu'un souverain personnel peut être placé
et gardé en deçà de l'influence des motifs humains
ordinaires, la théorie a des avantages distincts. Il serait difficile d'objecter qu'elle implique une concentration de pouvoir ; cette concentration est quelquefois nécessaire pour une action efficace ; d'ailleurs
dans les grandes circonstances, comme celles créées
par la guerre actuelle, les démocraties y recourent
aussi comme au seul moyen de préservation. Ce qui
rend la monarchie indéfendable aux yeux de la démo-

cratie, c'est qu'elle reconnaît comme suprême un pouvoir qui est au-dessus de la loi et qui prétend être une source arbitraire de loi. La protestation de la démocratie contre l'autocratie n'est pas basée sur le fait qu'une autorité définie et nécessaire est confiée à un seul homme. Le reproche consiste en ce que l'autocratie est l'exercice d'un pouvoir qui, non seulement n'est pas placé sous la contrainte de la loi, mais qui prétend ignorer toutes les lois — un pouvoir qui décide de la destinée des hommes et de nations entières sans égard à aucun principe de droit, les traitant comme de simples et passifs instruments de ses intentions et de ses desseins ou des intentions et des desseins inspirés par ceux qui sont en mesure d'influencer le souverain pour leur profit particulier et exclusif.

Lorsque nous allons au fond de l'acte d'accusation dressé contre l'autocratie, nous nous rendons compte que ce qu'on lui reproche n'est nullement qu'un seul homme représente la volonté de toute la nation, mais qu'une volonté arbitraire et sans loi commande à des forces dangereuses et insiste pour faire ce qu'une juste règle d'action défendrait. Chaque type de gouvernement humain doit nécessairement admettre le principe de la délégation des pouvoirs et ce n'est pas l'affaire d'une nation de s'occuper à qui une autre nation délègue ces pouvoirs. Toute la question se réduit à celle-ci : quelle est la source et la mesure de l'autorité légitime ?

Ce que la démocratie affirme et l'autocratie nie, c'est que toute autorité légitime dans un gouvernement humain dérive de la nature des êtres humains qu'il s'agit de gouverner. Quand donc l'Autocratie déclare : « Je crée la loi parce que je suis forte », la Démocratie répond : « C'est la justice et non la force qui doit créer la loi. »

Quelle est donc l'origine de la loi ? Historiquement, des règles de conduite ont été posées par ceux qui ont eu le pouvoir de les faire obéir. Avant que de telles règles fussent consciemment formulées, la loi consistait dans les coutumes des groupes ou des sociétés dans lesquelles elles avaient fini par être adoptées comme des règles usuelles de conduite. Dans les sociétés où la conquête ou tout autre forme d'ascendance avait produit un chef personnel, les lois furent les édits ou les décrets du chef et de ses conseillers. Ces formes d'obéissance étaient imposées aux peuples sujets et elles étaient accompagnées d'une perspective de pénalités infligées au cas où elles n'étaient pas respectées. Pour l'école historique de philosophie du droit, la loi n'est donc que le total de ces règles de conduite qui ont une sanction extérieure. C'est une expression de la volonté souveraine. C'est un trophée du pouvoir. Quiconque parvient à imposer sa volonté peut faire la loi. Elle n'a rien de commun avec la morale ou le droit abstrait. Si elle est juste, ce n'est pas parce que la loi est essentiellement juste, mais parce qu'il est arrivé qu'elle a été prescrite dans un esprit de justice. Elle est, en fait, souvent injuste ; mais, juste ou injuste, il faut y obéir, car comme les lois de la nature, elle est une partie du milieu dans lequel nous vivons, et les conséquences d'obéissance et de désobéissance devront raisonnablement suivre.

De cette théorie de la nature de la loi dérive une théorie aussi arbitraire de la nature de l'état. Etymologiquement, c'est le statut, la condition que le souverain a imposée. Les philosophes ne pouvaient naturellement pas négliger un sujet de spéculation aussi intéressant. Quelques-uns d'entre eux ont représenté l'état comme une sorte d'entité existant par elle-même, une émanation d'un absolu métaphysique, une incarnation de la divinité, et même, ainsi qu'un léviathan énorme, un organisme naturel dont le monarque est la tête et dont chaque individu est une simple molécule subordonnée. L'autocratie s'est empressée de s'approprier ces conceptions où elle voyait un véhicule convenable pour imposer ses prétentions en se représentant comme faisant partie de l'ordre de la nature.

Désirant se dérober aux exigences de la morale et au jugement de l'intelligence, elle s'est enveloppée des mystères impénétrables de la religion, se rendant ainsi inaccessible au commun des mortels et insondable aux esprits ordinaires.

La démocratie a irrévérencieusement balayé ce voile de mysticisme métaphysique. Pour elle la loi doit être cherchée et découverte dans la nature de l'homme en tant qu'être personnel et social. C'est quelque chose qui diffère de la somme des décrets souverains. C'est une révélation d'obligations mutuelles. Comme les vérités naturelles c'est un objet de recherches sans fin. Ses principes fondamentaux, pareils aux axiomes géométriques sont des intuitions de la raison universelle. Elle jaillit des droits inhérents à la personne et s'écoule sous forme de devoirs sociaux. Elle est éminemment un principe d'intelligence. Elle trouve ses critériums dans les conceptions rationnelles universelles comme celles de justice et d'équité. Elle n'a jamais encore atteint son expression parfaite, mais elle est un mandat toujours présent de la nature, comme un torrent bondit au milieu de spectacles nouveaux et changeants, aussi variable dans son contenu que les besoins croissants des hommes, mais aussi ferme dans sa direction que les murs de granit qui enferment le cours. d'un fleuve puissant dans son voyage vers la mer.

C'est cette idée de loi, considérée comme idéal humain qui a déterminé la conception démocratique de l'état, qui n'est pas une entité existant par elle-même, qui n'est pas non plus comme la société un produit purement naturel, mais une création de l'esprit et de la volonté de l'homme. Il appartient à la catégorie des rapports légaux plutôt qu'à celle de la substance matérielle. Les seuls éléments substantiels sont les volontés des êtres humains. S'il n'y avait pas de peuple, il n'y aurait pas d'état.

Historiquement, il est vrai, l'état a consisté surtout dans un rapport de subordination entre les individus gouvernés et ceux qui les gouvernaient. C'était un statut produit par la domination du faible par le fort. Il est, par conséquent, correct de parler de l'état comme d'une « création de la force » et de la souveraineté, qui est son essence, comme du « pouvoir suprême ». C'est là l'état comme voudrait le maintenir l'autocratie, la création du pouvoir arbitraire en deçà de la juridiction d'aucune loi obligatoire et sans aucune forme de responsabilité.

Pour la démocratie, l'état a un sens entièrement différent. C'est un statut produit non par la force, mais par le consentement volontaire. C'est l'expression de ce qu'il y a de plus vital et de plus essentiel dans la nature de l'homme en tant qu'être moral et social. Comme la loi est dérivée des principes inhérents à l'intelligence rationnelle, l'état est une personnification de la loi dans ses institutions permanentes. La loi et l'état reposent tous deux sur l'axiome des droits inhérents à la personne humaine qui sont les droits à la vie, à la liberté et à la recherche du bonheur.

L'autocratie parle comme si la vie elle-même n'appartenait à l'individu qu'en vertu d'un acte de grâce. En fait, elle proclame ouvertement que l'état est l'unique créateur des droits et que ce qu'il a créé, il peut aussi le reprendre. La démocratie renverse ces rapports et déclare que le gouvernement est créé par le consentement des individus gouvernés. La priorité appartient par conséquent aux individus, parce que la société est entièrement composée d'individus, dans lesquels seulement on peut trouver une base ou une conscience des droits. Mais pas, en vérité, d'individus isolés ou considérés comme entités abstraites, car les

hommes n'ont jamais existé en dehors d'une société
dans laquelle tous sont nés et dont ils forment tous
une part. C'est de la nature des êtres humains existant en communautés que la démocratie dérive sa
théorie des droits ; mais elle ne saurait être déduite
du fait de la « solidarité sociale ». Car ce fait seul
n'implique aucune autorité légitime ni aucune qualité morale quelle qu'elle soit. Chaque individu peut
être membre d'une communauté sans observer aucune autre règle que son propre intérêt si telle est la
disposition générale. Une distinction entre le droit et
le tort ne pourrait jamais être déduite d'une pareille
communauté. Une telle distinction existe seulement
pour l'esprit et la conscience individuels et peut être
affirmée seulement des consciences et des esprits individuels capables de connaître leurs droits et les
devoirs correspondants à ces droits.

Si l'état ne peut être fondé sur le simple fait de la
solidarité sociale, encore moins sera-t-il possible de
le baser sur la fiction d'une « conscience sociale »
existant par elle-même, car une pareille conscience
n'existe pas. Il y a dans une communauté un consensus général d'idées et de sentiments, mais il n'est
inhérent qu'aux esprits des individus membres de
cette communauté. Pour eux seuls il a la valeur d'une
règle de conduite et son expression devient le fondement solide de l'état. On reconnaît sa valeur à ce
fait qu'il est reconnu comme une personnification de
la justice et peut par conséquent être généralement
accepté sans recours à la violence. Etant la formule

composite de leurs conceptions réunies de leurs droits, son respect peut être assuré par un minimum de sanctions.

Mais, s'il est vrai qu'un vrai gouvernement est une création des gouvernés, une question se pose : jusqu'à quel point *quelques* individus peuvent-ils légitimement imposer leur propre volonté particulière à d'*autres* individus? S'il existe une autorité légitime du gouvernement elle doit dériver d'êtres qui croient posséder eux-mêmes des droits inhérents parce qu'ils distinguent entre le droit et le tort dans leur conduite. Quels droits inhérents possèdent donc *quelques* individus, qui n'appartiennent à *tous* les individus? Et quel principe pourra être adopté comme critérium de jugement s'il n'est pas universel?

Nous voyons donc que, tandis que l'autocratie est sans fondement moral solide, le triomphe de la démocratie implique un principe de renoncement de soi-même que tous ses défenseurs ne voudront peut-être pas accepter. Le peuple ne peut pas logiquement s'arroger et exercer l'autorité absolue et illimitée qu'il a répudiée. Nous sommes forcés de reconnaître le fait que, lorsqu'on en arrive à imposer une volonté absolue à une personne qui se trouve ainsi dépossédée d'un droit naturel comme le droit à la vie, à la liberté, à la propriété, peu importe si cette contrainte lui est imposée par un ou quelques individus, ou par une majorité de ses semblables, puisque dans ces divers cas le résultat est le même pour lui et qu'il se trouve privé de son droit. Lorsque l'état procède ainsi, quelle que soit la forme du gouvernement, il agit en despote et sa tyrannie est aussi odieuse sous un déguisement que sous l'autre.

Il est donc indispensable pour la démocratie de se placer solidement et invariablement sur le terrain des droits naturels de l'individu et de la doctrine que le gouvernement n'existe que pour garantir ces droits. Faute de reposer sur ces bases, elle n'a aucun titre à protester contre l'autocratie et aucun moyen de se justifier elle-même. Une société peut se transformer en une bande de brigands, mais, quelque nombreuse et puissante qu'elle soit, il est impossible d'identifier une pareille bande avec la conception démocratique de l'état. Une véritable démocratie ne peut ni opprimer le pauvre ni dépouiller le riche, car elle est basée sur des lois égales pour tous. Si elle ne garantissait pas loyalement le droit de chaque homme, quel que soit son degré d'humilité ou de fortune elle abandonnerait la base même de son autorité, elle pourrait, soutenue par d'importantes majorités, devenir formidable, irrésistible même, mais tout en nous contraignant par son pouvoir à l'obéissance elle ne réussirait pas à nous inspirer un sentiment de loyauté.

Le droit d'un gouvernement de se prétendre légitime et d'exiger que son autorité soit respectée n'est en aucune manière fondé sur sa puissance, mais sur sa fin qui doit être la protection de tous les droits naturels humains. Tout le reste n'est que supposition. Et il n'y a dans le monde aucuns droits qui ne soient en un certain sens inhérents aux personnes, ou qui ne dérivent d'elles d'une manière ou de l'autre. Eliminez l'être humain de votre enchaînement d'idées, et non seulement vous faites de l'autorité légitime une pure illusion, mais vous détruisez en même temps le seul fondement possible de l'idée de droit et vous réduisez tout l'édifice social à un complexus de purs rapports mécaniques.

Si cela est vrai, il n'y a pas un être humain, si pauvre ou si faible soit-il, qui ne possède, en vertu de la nature et de la dignité de la personnalité, des droits naturels et des titres à un traitement équitable. Ces droits et ces titres, les majorités les plus formidables ne peuvent l'en déposséder, sans détruire leur propre droit de légiférer ; car le droit de faire la loi a pour unique et seul fondement celui de protéger les droits personnels de toutes les forces dont dispose la communauté.

C'est la profession de foi de la démocratie. L'autocratie lui oppose les traditions du pouvoir, les sophismes de la souveraineté et le tranchant de l'épée sortie du fourreau. Au-dessus de tous les droits humains elle place les intérêts de l'état en tant que pouvoir suprême, avec son prétendu droit de conquête dérivé d'un mandat mystérieux de la divinité au nom de laquelle elle revendique le droit exclusif de parler. Elle se vante de l'éclat de son armure brillante. Elle dissimule ses menées déshonorantes sous un masque vertueux. Elle promet gloire et pillage. Elle foule les poitrines des femmes sous les sabots de ses chevaux.

Elle fait pleuvoir le feu du haut des nuages, elle rend désolés les paysages les plus riants, elle mutile les temples, emmène des populations entières en esclavage et ajoute aux terreurs naturelles des mers les inventions diaboliques de l'ingéniosité humaine pour une œuvre de destruction générale.

Pendant que l'humanité frissonne, la démocratie arrive au secours. C'est la bataille de Saint-Georges et du dragon multipliée par tous les pouvoirs des grandes puissances. Mais ce n'est pas qu'une joute de forces matérielles. C'est une lutte de principes. Comment l'Europe pourra-t-elle être reconstituée ? Comment la civilisation pourra-t-elle être restaurée ? Comment le monde pourra-t-il reprendre son œuvre de culture et de développement social ?

A ces questions, l'autocratie ne répond pas. Triomphante, toutes les nations devraient passer sous son joug et céder à ses exactions. A moitié défaite seulement, même dans les affres de la mort, elle songerait à de nouvelles guerres, rêverait de barbaries encore plus cruelles, projetterait de nouvelles et encore plus grandes dévastations. Que la bataille soit donc livrée maintenant. Mais il faut qu'elle soit déjà gagnée dans les esprits des hommes. Qui est-ce qui parle au nom de l'humanité ? Est-ce l'autocratie ou la démocratie ? Qui peut mettre fin au triomphe de la tribu ? Qui peut établir l'humanisme universel ? C'est l'homme et non l'état qui peut répondre.

Mais l'état doit continuer à exister. Les nations

sont des réalités persistantes. Elles peuvent être décimées, appauvries, elles ne peuvent pas être détruites. Ruinés, brisés, mutilés, les hommes peuvent s'enfermer dans les tranchées et les fortifications en compagnie de la mort maîtresse de leurs frontières, mais ils se cramponnent à leur nationalité. Dans cette extrémité désespérée ils apprendront de plus en plus à l'aimer. Tant qu'un lambeau du drapeau de leur pays, déchiqueté et maculé de sang, flottera au-dessus du champ de carnage, ils sentiront qu'ils appartiennent à une nation.

Qu'est-ce donc qu'une nation sinon un groupe d'hommes ayant des traditions, des souvenirs, des intérêts et des buts communs ? Mais il reste encore une communauté plus étendue. Traditions, souvenirs, intérêts, buts peuvent en effet être très différents : au-dessus et au-dessous d'eux, il y a la grande communauté des droits, qui ne sont pas ceux de la tribu, qui ne sont pas ceux de la nation, mais qui sont humains et universels.

Entre la démocratie et la fiction d'une souveraineté illimitée, il ne peut y avoir aucune alliance logique. Si les postulats de la démocratie sont vrais, la prétention de la souveraineté absolue est fausse. Un état n'a aucun droit qui ne soit dérivé des personnes qui le composent. Le gouvernement qu'elles créent n'a aucune autre source d'autorité. Mais même la source de tous ces droits ne peut créer une souveraineté absolue. De par leur origine, les vrais pouvoirs de l'état sont limités vis-à-vis de ses propres citoyens comme vis-à-vis de tous les autres états; car les droits inhérents à ses éléments sur lesquels repose tout l'édifice de son autorité ne sauraient être justement lésés et les autres états représentent comme lui-même et avec une égale force les droits des autres nations qui ne sauraient par conséquent être justement déniés.

Ainsi comprise, la valeur de la démocratie en tant que base du droit international devient apparente. De même que les vrais pouvoirs des états séparés dérivent des droits personnels de leurs membres, de même l'idée des droits internationaux jaillit des rapports des états indépendants. Eux aussi, en effet, sont dotés de droits mutuels : droits d'existence, d'indépendance, de défense, de juste traitement. Mais l'attribut d'une souveraineté illimitée n'y figure pas : on ne peut le déduire que d'une seule et unique source : la force, le pouvoir physique. Or le simple pouvoir physique, en dehors de tout principe de justice n'est, en aucun sens, une autorité légale que puisse reconnaître une jurisprudence scientifique.

L'autocratie, qui n'est basée sur aucune distinction fondamentale du juste et de l'injuste, affirme la sujétion absolue de certaines personnes à la volonté et à l'autorité d'autres personnes. Aussi peut-elle affirmer sans illogisme la sujétion absolue de certaines nations à d'autres nations, le critérium de supériorité n'étant autre que leur puissance relative. Celui qui a le pouvoir d'agir ainsi a le pouvoir de commander et la seule limite de ce droit est, selon l'autocratie, le pouvoir d'y résister.

Ce que cela signifie pour la démocratie n'est que trop évident. Cela veut dire que, quelle que soit leur répugnance, les nations paisibles doivent s'armer et préparer toute l'énorme et complexe machinerie de guerre sur terre et sur mer pour préserver leur existence. Cela veut dire que, tant que l'autocratie nourrit des projets de conquêtes, la démocratie est en danger. En vain élabore-t-elle des constitutions pour la garantie des droits individuels. En vain convoque-t-elle des conférences internationales. En vain signe-t-elle traités et conventions. A un moment inattendu, peut-être au milieu de négociations délicates, elle entend soudain retentir le piétinement innombrable des armées d'invasion, elle voit le ciel s'obscurcir d'une multitude d'avions, pendant que les démons de l'abîme couvrent la surface des mers de débris de navires et de cadavres mutilés.

L'objet de ces horreurs ? Que leurs auteurs puissent imposer leur volonté aux autres. La vérité est que l'impérialisme est moins une forme de gouvernement qu'un système d'exploitation par des moyens coercitifs. Aucune nation moderne ne supporte le joug autocratique simplement par déférence pour une dynastie. Le dogme du droit divin est surtout soutenu par les despotes qui en bénéficient ; mais leurs peuples, consciemment ou non, sont leurs associés dans les entreprises de pillage. Le vrai motif qui pousse ces nations est le désir d'enrichissement national. Commerce, colonies et ressources minérales qui seront exploitées au profit de la classe commerçante — tels sont les vrais piliers de l'autocratie, reposant sur les intérêts d'une caste militaire — race de cadets de famille qui, trop fiers pour travailler doivent être pourvus d'une carrière de gentleman. L'autocratie ne fleurit nulle part sans le stimulant de la guerre en perspective. De nos jours, c'est une guerre des peuples dont les Hohenzollern et les Habsbourg sont autant les instruments malheureux que les auteurs responsables. L'impérialisme est devenu une entreprise de pillage bien plus qu'une conviction politique : l'évidence en est si écrasante qu'on ne saurait la nier. Les organisations impérialistes allemandes qui poussèrent à la guerre sous le fallacieux prétexte que l'empire était attaqué déclarent maintenant « qu'il ne saurait y avoir de paix sans indemnités pour les énormes sacrifices que l'Allemagne a faits et pour qu'elle puisse développer sa vie économique, culturelle et sociale ». L'Allemagne, déclare-t-on « doit s'assurer une meilleure protection de ses frontières, des territoires de colonisation et de production alimentaire, le renforcement de sa position maritime, l'amélioration de son industrie par des ressources plus grandes de matières premières. » A défaut de tout cela, il a été ouvertement annoncé au Reichstag que l'Allemagne devrait être indemnisée de ses sacrifices par le peuple des Etats-Unis d'Amérique.

Les autres peuples n'ont aucun droit d'intervenir à propos des préférences politiques d'une nation. Mais lorsque l'entreprise impérialiste est convaincue, par son propre aveu, de nourrir des projets de pillage, quand elle détruit capricieusement l'indépendance des petits états, exproprie leurs ressources et emmène en captivité leurs populations vaincues, l'intervention devient un devoir international.

Dans une soi-disant guerre de défense, les armées impériales campent sur les territoires de douze nations indépendantes, dont neuf sont victimes de leurs dévastations et dont trois sont leurs complices. Après des actes de piraterie inconnus dans l'histoire des pays civilisés comprenant le meurtre fou d'hommes, de femmes et d'enfants en haute mer, les Allemands se sont emparés de l'Océan Atlantique où aucun navire d'aucune nation n'est à l'abri de la destruction. Mais même ces énormités n'étaient pas la limite de l'arrogance et du mépris des lois de l'esprit impérialiste. En punition du ressentiment provoqué par les dommages supportés par les Américains, le territoire des Etats-Unis devait être envahi et démembré au moyen d'une coalition fomentée et payée pour porter un coup mortel à notre existence nationale.

Non seulement l'autocratie est organisée pour la guerre avec le dessein d'en vivre, mais elle communique un germe infectieux même aux corps politiques qui l'ont en horreur. Toutes les nations sont plus ou moins contaminées dès qu'elles entreprennent de se défendre. Toutes les mesures de guerre actuelle dénaturent jusqu'à un certain point la démocratie. Le service militaire obligatoire, les impôts exorbitants, la sup-

pression de la liberté de la presse, les pouvoirs dicta-
toriaux de l'exécutif, la restriction imposée au pouvoir
législatif ; toutes ces mesures bien qu'inévitables constituent des empiétements sur les immunités des individus, suspendant la jouissance de la liberté individuelle
et assimilent temporairement un état démocratique
à la condition d'un pays gouverné par un autocrate.

Afin de préserver leurs existences, les démocraties
doivent pour un certain temps se soumettre à ces sacrifices, mais ce faisant elles risquent de perdre à
jamais quelques-unes de leurs libertés, car elles sont en
partie momentanément oubliées et si cet état de choses
dure il se peut qu'elles ne soient jamais entièrement
recouvrées. Lorsqu'un gouvernement est obligé pour
se défendre de s'emparer de toutes les industries des
particuliers, d'organiser toutes leurs activités, de régler leurs recettes et leurs dépenses, la démocratie se
distingue à peine de l'autocratie, n'était la pureté et
l'élévation de son but qui est de rendre effectifs ses
moyens de défense militaire. La guerre actuelle a d'ailleurs démontré que ce n'était point là une inférence
sans fondement. « L'Angleterre », écrivait un historien
allemand au cours de la première année de la guerre,
« si elle veut jouer un rôle quelconque dans l'avenir
du monde, doit rebâtir du haut en bas son édifice politique et adopter une organisation analogue à celle
qui prévaut sur le continent et qui a rencontré son
plus complet développement et par conséquent sa plus
complète efficacité dans l'Etat Allemand. »

Cette prédiction s'est trouvée déjà en partie réalisée

et a prouvé que l'existence même des gouvernements libres dépendait de la suppression de cette forme d'impérialisme qui menace l'indépendance de toutes les nations.

Il n'y aura donc pas de paix durable avant que le pouvoir autocratique ne prenne fin. Il est futile, illogique et répréhensible pour ceux qui aiment la paix de la réclamer avant que les conditions de sa permanence ne soient établies.

La démocratie réussira-t-elle jamais à dicter la paix ? Elle le doit ou bien elle sera elle-même réduite. Elle seule possède le pouvoir constructeur d'imposer la paix par l'extension des principes universels de justice dont elle tire sa propre existence. Si elle trompait leur attente, la mission historique de la démocratie se terminerait par un échec. Elle n'est pas en querelle avec l'idée de nationalité ; mais le problème de la nationalité avec ses sérieuses complications géographiques ne saurait être résolu par un simple troc et une vente de nations ou par un procédé de vivisection nationale. Sa seule solution se trouve dans l'âme des peuples. Rendez-les libres de décider eux-mêmes, donnez-leur sans restriction leurs droits de libre affiliation, de développement culturel, de législation locale, de fédération selon leurs affinités natives ; assurez-leur l'indépendance des groupes ainsi librement formés et de justes avantages économiques. Tout cela réalisé, il ne restera plus aucun problème sérieux des nationalités.

Mais cette réalisation implique une reconstruction

de l'idée de souveraineté. Dans son sens dynastique le mot doit être éliminé du vocabulaire de la politique internationale. Aucun monarque ne devrait devenir possesseur de populations entières par la seule raison qu'il les a conquises. Pour les démocraties, le mot souveraineté dans son sens absolu n'a aucune signification. Tout ce qu'il en reste et à quoi peuvent prétendre aussi les états constitutionnels, c'est simplement le droit pour une nation libre et indépendante d'exister, de légiférer pour elle-même, de se défendre et d'entrer en relations avec d'autres états semblables sur la base de l'égalité juridique et sous l'égide du droit international qui respecte ses droits naturels d'état séparé comme les constitutions libres respectent les droits des individus qui vivent dans son sein.

Avec ce but élevé : établir la loi et la liberté, jeunes et vieux peuvent ceindre l'épée pour le conflit. Quiconque est pénétré de cela, peut reposer tranquillement sous le regard des étoiles éternelles qui brillent à minuit dans le vaste firmament au-dessus de son bivouac et il peut affronter avec sérénité le rideau de feu dans la nuit noire d'une bataille, car il sera en communion avec ce qu'il y a de plus noble dans le passé et de plus grand dans l'avenir. Et s'il tombe dans cette lutte, il peut fermer les yeux avec l'assurance que son sacrifice lui assurera une communion plus profonde et plus intime avec l'Être qui a confié à sa garde, pour un usage immortel, les puissances d'une vie mortelle.

CHAPITRE VIII

L'INTÉRÊT DE L'AMÉRIQUE
DANS LA NOUVELLE EUROPE

Pourquoi les Etats-Unis font-ils la guerre ? — La duplicité du
gouvernement allemand : le discours de Herr Zimmermann
du 24 janvier 1917 et ses instructions au ministre allemand à
Mexico du 19 du même mois. — Le loyalisme du peuple
allemand envers l'Empire. — La Pétition des six ligues pangermanistes. — Les désirs du roi de Bavière, du duc de Mecklembourg, etc... — Une conspiration contre l'Allemagne. —
Les aveux du général von Gebsattel. — La presse pan-ger-
maniste et le Dr Dernbourg. — Herr Bassermann et Herr
Zedlitz-Neukirch. — La responsabilité des Hohenzollern et le
problème de la paix. — Un discours du prince Alexandre von
Hohenlohe. — Un « royaume populaire des Hohenzollern »
en réserve. — Théories du professeur Joseph Kohler : le Prussianisme. — C'est pour échapper au prussianisme que les
Etats-Unis font la guerre. — Une révolution est improbable
en Allemagne tant que ses armées sont victorieuses. — Dé-
sintéressement des Américains.

Si essentiels que nous croyions les principes de la
démocratie pour l'indépendance des nations et la paix
suprême du monde, les Etats-Unis d'Amérique ne seraient jamais entrés dans la guerre dans le but d'imposer à un peuple une forme démocratique de gouvernement. Ce qui fait que la lutte actuelle est véritablement la bataille pour la démocratie, c'est le fait que

la connaissance des intentions impériales a établi
cette conviction que, si ces intentions venaient à se
réaliser, la démocratie ne serait plus possible nulle
part dans le monde. En face d'un impérialisme triom-
phant, les nations se gouvernant elles-mêmes se ver-
raient obligées de se protéger contre la menace d'a-
gression en s'armant jusqu'à l'épuisement de leurs
ressources et de recourir à une centralisation permanente des pouvoirs publics qui fausserait leur
caractère démocratique. Mais avec les plus grandes
précautions les états indépendants les plus faibles,
abandonnés à eux-mêmes, seraient éventuellement
contraints de céder à la domination impériale, aug-
mentant ainsi progressivement les ressources du pouvoir arbitraire et affaiblissant dans une proportion
égale les forces des états indépendants constitutionnels. Si, par exemple, l'Europe Centrale, telle que la
conçoit Naumann, était consolidée par l'issue de la
grande Guerre, ce ne serait plus qu'une question de
temps pour que non seulement la Belgique, la Hollande, la Suisse, les états Scandinaves, la France
elle-même peut-être, et certainement les états Balkaniques, tombent sous le joug impérial. Et une puissance maritime comme celle qui existerait alors avec
des stations navales sur toutes les côtes européennes
et de nouvelles colonies, pourrait entreprendre la
conquête du monde. Si le gouvernement impérial
allemand peut à présent interrompre et rendre très
périlleux le commerce de l'Atlantique et de la Médi-
terranée, que ne pourrait-on attendre de lui lorsqu'il

aurait à sa disposition des ports bien outillés sur la Manche et dans l'Adriatique pour ne pas mentionner de plus hardies possibilités.

Ce ne fut pas cependant la crainte de l'expansion allemande en Europe qui poussa les Etats-Unis à abandonner leur politique de neutralité. Tant que la guerre fut considérée comme un conflit européen de puissances on pouvait s'attendre à ce que l'Amérique, fidèle à sa tradition de non-intervention dans les affaires européennes, regardât la lutte comme étrangère aux intérêts du peuple américain. Mais au cours de son développement, on commença à se rendre compte vaguement qu'un conflit aussi étendu et de conséquences si importantes devait affecter profondément le monde entier.

Même une longue suite d'outrages incroyables commis contre les citoyens des Etats-Unis, et une intervention presque ouverte dans ses affaires intérieures, n'avaient pas décidé le gouvernement américain à sortir de la neutralité et n'avaient pas non plus éveillé le peuple américain à la conscience complète du péril auquel il était exposé. Des centaines d'hommes, de femmes et d'enfants américains qui voyageaient innocemment à travers l'Océan, confiants dans la protection des lois et des coutumes que toutes les nations avaient convenu de respecter, furent impitoyablement massacrés sur les ordres du gouvernement impérial allemand. Les protestations répétées furent suivies par de nouvelles pertes de vies de non-combattants.

Des navires furent coulés sans avoir été visités et sans avertissement, en violation non seulement des lois établies de la mer, mais des principes énoncés dans les traités qui avaient été solennellement conclus et qui étaient invoqués par le gouvernement impérial comme liant encore les Etats-Unis.

Lorsque le gouvernement américain eut finalement annoncé que, si le gouvernement impérial n'était pas disposé à se conformer aux règles établies du droit international, les relations diplomatiques devraient cesser entre les deux pays, le gouvernement impérial promit de se conformer désormais à la loi internationale, mais il adressait en même temps au gouvernement des Etats-Unis une demande par laquelle il le sollicitait de servir ses desseins au détriment d'autres puissances amies des Etats-Unis. Il est maintenant établi d'une manière qui démontre la complète insincérité du gouvernement impérial dans toutes ses soi-disant relations amicales avec les Etats-Unis que la restriction concernant les ravages des torpilleurs sous-marins ne devait avoir dans l'intention du gouvernement allemand qu'un caractère temporaire et que les attentats seraient repris aussitôt qu'un nombre suffisant de bateaux auraient été construits de manière à pouvoir supprimer réellement le commerce américain.

Le 24 janvier 1917, le Secrétaire Impérial allemand pour les Affaires Etrangères, Herr Zimmermann, tenait le langage suivant destiné à être publié aux Etats-Unis :

« Dans le message que le Président Wilson a adressé au Sénat (22 janvier 1917), le Gouvernement Impérial allemand reconnaît avec une satisfaction extrême le fait que les aspirations et les pensées du Président continuent à se rapporter au rétablissement de la paix permanente. L'ardente élévation morale des paroles du Président leur assurera l'attention du monde entier. Le Gouvernement Impérial allemand espère vivement que les efforts inlassables du Président pour rétablir la paix sur la terre seront couronnés de succès. »

Tout en paraissant croire à « l'ardente élévation morale » du Président des Etats-Unis et à « ses efforts inlassables pour rétablir la paix sur la terre, Herr Zimmermann, au milieu de ces efforts pour la paix, non seulement méditait la guerre, mais *cinq jours* avant de tenir ce langage, il avait communiqué par code secret et par l'intermédiaire de l'ambassadeur allemand à Washington, les instructions suivantes au ministre d'Allemagne à Mexico :

Berlin, 19 janvier 1917.

« Le 1er février, nous avons l'intention de commencer la guerre sous-marine sans restriction. Malgré ce fait, nous ferons tous nos efforts pour que les Etats-Unis restent neutres. Si nous n'y réussissons pas, nous proposons une alliance avec Mexico sur les bases suivantes. Nous ferons ensemble la guerre et la paix. Nous accorderons une aide financière générale et il est entendu que le Mexique devra reconquérir les territoires perdus du Nouveau Mexique, du

Texas et de l'Arizona. Le détail du traité est laissé à vos soins.

« Vous devrez informer le Président du Mexique dans le plus grand secret aussitôt qu'il sera certain que la guerre éclatera avec les Etats-Unis. Vous suggérerez que le Président du Mexique se mette, de sa propre initiative, en communication avec le Japon lui demandant d'adhérer de suite à ce plan. Offrez en même temps la paix entre l'Allemagne et le Japon.

« Veuillez appeler l'attention du Président de Mexico sur ce fait que l'emploi impitoyable de la guerre sous-marine forcera l'Angleterre à faire la paix dans quelques mois. »

ZIMMERMANN.

Une semaine après avoir exprimé son espoir que les efforts du Président en faveur de la paix « seraient couronnés de succès », le 31 janvier, le gouvernement impérial allemand annonçait formellement, *comme il en avait eu déjà l'intention pendant toute cette période*, qu'à partir du 1er février il adopterait une politique impitoyable dans l'usage des sous-marins contre *tous* navires cherchant à passer à travers certaines zones désignées de la haute mer.

Cette violation d'un accord précédent d'observer les règles du droit international, le gouvernement impérial allemand savait bien qu'elle équivalait à une déclaration de guerre aux Etats-Unis, une déclaration de guerre faite au milieu des « efforts inlassables du Président pour rétablir la paix du monde ». C'était la manière allemande d'exprimer son « espoir » que ses efforts seraient « couronnés de succès ». L'engagement d'observer le droit avait duré jusqu'à ce que des centaines de sous-marins fussent prêts à accomplir leur tâche qui consistait à ruiner le commerce du monde comme préliminaire essentiel du « rétablissement de la paix sur terre ! » L'intention avait été longtemps un secret, que la proposition allemande de commencer des négociations de paix avaient aidé à cacher. Le 19 janvier, le ministère des Affaires Etrangères impérial savait que cette nombreuse flotille de sous-marins serait prête le 1er février et que sa mission entraînerait des menaces de guerre contre toutes les nations neutres. Cependant, lorsque le 3 février les relations diplomatiques avec le gouvernement impérial furent rompues par les Etats-Unis, Berlin protesta naïvement de son « étonnement » !

Ce ne fut que le 6 avril cependant qu'il fut officiellement déclaré que l'état de guerre existait, lorsque des actes décisifs eurent démontré le dessein arrêté du gouvernement impérial allemand de couler des navires américains.

Ce fut avec raison que le Président dit au peuple américain que « les torts contre lesquels nous nous redressons maintenant ne sont pas des torts ordinaires ; ils s'attaquent aux racines mêmes de la vie humaine ».

C'est la violence allemande qui malgré nos intentions pacifiques a fait de cette guerre *notre* guerre. Il était inévitable pour les Etats-Unis de ne pas y être entraînés tôt ou tard, car l'Allemagne afficha le mépris le plus arrogant de tout ce pourquoi le peuple américain se considère comme garant. Nous avons accepté le défi qui nous a été lancé, comme a dit le Président, « pour défendre le principe de paix et de justice dans la vie du monde contre le pouvoir égoïste et autocratique et établir parmi les peuples du monde réellement libres et se gouvernant eux-mêmes un accord d'intentions et d'action de façon à assurer dorénavant l'observance de ces principes ».

Il devint à la fin évident que l'isolement géographique ne constituait plus une garantie suffisante de la sécurité américaine et que c'était en face d'un problème mondial que nous nous trouvions maintenant. Jusqu'à ce que le fait eut été établi par des preuves irréfutables et par un aveu qui ne sentait rien de honteux dans cette perfidie, peu de nos compatriotes auraient cru qu'il aurait jamais pu entrer dans les plans du gouvernement allemand de se proposer de démembrer les États-Unis ; qu'il aurait même désigné à l'avance des états entiers destinés à devenir les dépouilles d'une guerre de conquête déchaînée par de l'or allemand payé à des armées mercenaires sous le commandement d'officiers allemands, comme les forces de l'empire ottoman déjà commandées par eux, dans le but de faire prévaloir la volonté suprême de l'Allemagne par la conquête de l'Europe et la maîtrise de la mer.

Heureusement, ce plan secret fut découvert à temps pour dévoiler complètement, à un moment critique, l'attitude réelle du gouvernement impérial envers les

Etats-Unis et révéler sans erreur possible au peuple américain la dégénérescence de l'esprit officiel prussien. Heureusement aussi les gouvernements japonais et mexicains ressentirent tous deux comme une insulte l'infâme proposition qui leur fut faite. Même les citoyens des Etats-Unis que leurs affinités ethniques avaient conduits tout d'abord à sympathiser avec la cause allemande à cause de leur croyance dans la santé morale du peuple allemand, doivent maintenant réaliser combien ils ont été déçus cruellement par les procédés frauduleux de la propagande du gouvernement impérial allemand qui a fait partout appel au préjugé ethnique et à l'intérêt sordide, mais jamais à ce noble humanisme que l'on avait cru être une fois la marque caractéristique de l'esprit allemand.

La preuve que les motifs du gouvernement impérial étaient rapaces, impitoyables et dépourvus de scrupules, est devenue accablante. Ses conspirations enveloppent le monde entier. Elles furent ourdies par la diplomatie officielle et sous le masque de l'amitié sur notre sol. Elles s'étendent à toutes les régions du globe et cherchent des complices dans les deux hémisphères. Un pareil pouvoir est l'ennemi du genre humain. Le peuple américain l'a enfin compris. Mais a-t-il bien compris comment l'Amérique sera affectée par le destin de l'Europe, car le destin de l'Europe déterminera le destin du monde.

Le Président des Etats-Unis a dit :
« Nous n'avons aucune querelle avec le peuple

allemand. Nous n'éprouvons pour lui qu'un sentiment de sympathie et d'amitié. Ce ne fut pas sous son impulsion qu'agit le gouvernement allemand en déclarant la guerre, et il n'eut pas à donner son approbation en connaissance de cause. »

Il y a dans ces mots un louable esprit de loyauté ! Cependant il ne faut pas perdre de vue que le peuple allemand n'est pas sans avoir ses responsabilités en ce qui concerne la guerre et ses conséquences. C'est une erreur de croire que la population de l'Allemagne est victime d'un système d'oppression contre lequel le peuple est dans un état de révolte mentale, qu'ils n'ont aucune sympathie pour leur gouvernement, ou que, s'ils pouvaient, ils le renverseraient comme le peuple russe a renversé l'autocratie des Romanof. Le peuple allemand a beaucoup profité économiquement de la création de l'empire ; il a foi dans un gouvernement fort et c'est passivement et sans protestations qu'il a accepté la domination prussienne. Ce que l'on peut appeler la classe dirigeante — la classe qui forme et contrôle ce qui en Allemagne passe pour « l'opinion publique » — est virtuellement unanime à supporter la dynastie des Hohenzollern, et ce n'est pas sans raisons, car l'empereur est un généreux dispensateur d'honneurs que les Allemands apprécient particulièrement. Il est même en mesure de donner un appui financier et une position à ceux qu'il désire favoriser. L'armée et la marine sont des éléments constitutifs reconnus du système commercial et industriel de l'empire allemand, à un degré qui ne souffre de comparaison dans aucun autre pays. On les regarde comme les tentacules du commerce étranger, les organes d'appréhension de l'expansion nationale. Ajoutez à cela qu'en Allemagne chaque mâle bien portant est entraîné pour la guerre, qu'on lui enseigne être une « nécessité biologique » et il devient peut-être possible de comprendre pourquoi le gouvernement impérial allemand a eu et aura encore probablement — si ses plans réussissent — l'appui de la nation allemande dans tout ce qu'il fait. Il n'y a que son impuissance à réaliser ses projets d'annexion et à satisfaire les ambitions de la classe dirigeante qui puisse détruire son influence sur le pays.

Il y a en Allemagne un reste de féodalié qui n'existe nulle part en Europe au même degré. Dans les questions d'intérêt public le paysan prussien n'est qu'une argile malléable dans les mains de son maître, le Junker. Autant que possible — et son labeur rend la tâche aisée — on le laisse dans l'ignorance de la politique. Pour son esprit simple, le Kaiser agit, comme il le dit lui-même, sous la direction divine et toutes les convictions et émotions religieuses des paysans deviennent ainsi propriété impériale. Soldat, le paysan prussien est une sorte d'automate joyeux, exécutant le « pas de l'oie » partout où on lui ordonne de marcher. Comme citoyen il est nul. Quand il vote il prend l'avis des *die Herrschoften*, comme il appelle obséquieusement ses supérieurs.

Dans les villes, les ouvriers et leurs chefs ont montré un vif intérêt pour les questions politiques, mais leurs idées politiques sont fréquemment nébuleuses et toujours beaucoup trop théoriques bien que souvent accompagnées de convictions courageuses et honnêtes dont l'expression est généralement supprimée. Tels sont les éléments qui forment la social-démocratie. Occasionnellement la conscience profonde de ces hommes s'exhale en paroles éloquentes en public et quelquefois même devant le Reichstag, comme lorsque Karl Liebknecht dit le 2 décembre 1914 :

« Je refuse les crédits de guerre demandés et je proteste en même temps contre la guerre, contre ceux qui en sont responsables et qui la dirigent, contre la politique capitaliste qui y a poussé, contre les buts capitalistes qu'elle poursuit, contre les projets d'annexions, contre la violation de la neutralité de la Belgique et du Luxembourg, contre la dictature militaire, contre l'oubli du devoir politique et social dont le gouvernement et les classes dirigeantes se rendent encore maintenant coupables. »

Pour avoir pris cette attitude, Liebknecht, bien que membre du Reichstag, fut envoyé en prison et le texte de son discours ne fut jamais imprimé par les journaux allemands. Ceux qui s'y seraient risqués auraient été supprimés.

Cette violation de l'immunité parlementaire aurait en Angleterre, en France ou aux États-Unis causé certainement un soulèvement populaire. En Allemagne, cet acte arbitraire fut le sceau mis sur les lèvres de milliers d'Allemands qui pensaient comme Liebknecht. « Nous n'avons pas comme vous l'habitude de compter avec l'opinion publique », disait un des jeunes fonctionnaires les plus distingués du monde officiel allemand. « Pour nous, elle ne compte pas. L'opinion n'a jamais eu d'influence sur la politique. Elle ressemble plutôt au chœur antique qui contemple et commente une action qui se déroule autour de lui. Je la comparerai », conclut-t-il, « à une foule qui regarde et suit le jeu auquel elle n'est pas admise. »

Il y a, naturellement, une différence entre les agresseurs agissants et ceux qui, sans faire de distinction entre leurs actions, leur donnent un appui loyal. Mais les autres nations ont à compter avec les conséquences de l'attitude nationale plutôt qu'avec ses motifs. Par conséquent, tant que le peuple allemand continuera à appuyer une guerre que sa propre classe dirigeante continue à défendre après avoir dans un moment de franchise avoué que c'était une guerre de pillage, le reste du monde doit le traiter en ennemis comme le gouvernement qui tire toute sa force de son appui.

Quel est donc le témoignage des Allemands euxmêmes en ce qui concerne leurs buts et leurs ambitions dans cette guerre? Dans un livre in-octavo de plus de quatre cents pages, le publiciste suisse Grumbach a réuni les « Documents publiés ou circulant en secret en Allemagne depuis le 4 août 1914 » (1), por-

---

(1) L'*Allemagne annexioniste,* par S. Grumbach. Payot et Cⁱᵉ, Paris, 1917.

tant sur l'annexion des territoires conquis. Dans sa préface, il déclare : « aucune personne compétente ne peut nier le fait que les buts de guerre de l'Allemagne sont de nature à causer la plus grande anxiété au monde entier. »

Quoique le gouvernement impérial évite autant que possible de se livrer à aucune déclaration politique définie, il permet, encourage même, une demande populaire d'annexions et d'indemnités. Des hommes de tous les partis, de toutes les classes, de toutes les professions, possédant une influence dans les affaires publiques de l'Allemagne, ont constamment émis des demandes d'annexion pareilles à celles que formulait la littérature pangermaniste avant la guerre, et souvent dans les mêmes termes. La perspective et l'attente des dépouilles qui rendirent la guerre populaire au début ont au cours de chaque phase de son développement pris une forme plus nette d'urgence et de nécessité de réalisation pour la fin de la guerre.

Ne sachant pas au juste comment la guerre finira, le gouvernement impérial n'ose pas trop promettre, mais il n'hésite pas à entretenir l'approbation populaire des conquêtes que ses forces militaires peuvent éventuellement lui permettre de faire. « Comparez », écrit Grumbach, « la passivité dont firent preuve les autorités quand les six grandes ligues agrariennes et industrielles mirent en circulation leur fameuse pétition annexioniste sans rencontrer le moindre obstacle, avec la confiscation au moment de sa publication de la pétition de la ligue anti-annexioniste *Neues*

Vaterland conçue comme une réplique », suivi par l'étranglement graduel de la ligue anti-annexioniste par les soins de la police, et l'emprisonnement de son secrétaire.

Il est important de remarquer que le territoire à annexer, maintenant réclamé dans l'Ouest, dépasse même en superficie celui réclamé par les écrivains pangermanistes en 1911. « Dans l'intérêt de notre propre existence », dit la pétition », nous devons affaiblir la France politiquement et économiquement sans scrupule, et rendre plus favorable notre situation militaire et stratégique à son égard. Nous sommes convaincus que, pour atteindre ce but, une sérieuse modification de toute notre frontière occidentale est nécessaire. Nous devrions faire notre possible pour conquérir une partie de la côte française du Nord au Pas-de-Calais afin d'être en possession d'un point stratégique de regard contre l'Angleterre et améliorer aussi notre approche de l'Océan. Les experts scientifiques allemands, est-il expliqué par l'un des commentateurs au sujet de cette extension de la frontière, « ne s'étaient pas rendu compte en 1871 des vastes trésors de fer et de charbon qu'ils n'ont pas su demander ! »

Le territoire maintenant demandé comprend : à l'ouest, toute la Belgique et les territoires de la frontière française, c'est-à-dire une portion de la côte allant presque jusqu'à la Somme avec un *hinterland* assurant la complète exploitation économique et stratégique d'un port sur la Manche, les gisements de minerai de fer de Briey, les forteresses de la frontière avec les lignes de la Meuse, surtout Verdun et Belfort avec le versant occidental des Vosges entre Verdun et Belfort. A l'est, « au moins » des parties des provinces baltes et les territoires qui se trouvent au sud de façon à ce que les nouvelles acquisitions protègent avant tout les provinces prussiennes tout le long des frontières de la Prusse orientale, et aussi de la Prusse occidentale, de la Posnanie et de la Silésie.

Pour assurer ces avantages les six ligues déclaraient dans leur manifeste qu'elles ne désiraient pas une « paix prématurée », car « d'une telle paix on ne pouvait attendre un butin suffisant ! »

Mais, en plus d'étendues de territoires définies, il y a certaines aspirations indéfinies énoncées avec la mention « s'il est possible de les réaliser ! » Il s'agit « d'un empire colonial qui donnerait pleine satisfaction aux multiples intérêts économiques de l'Allemagne, sans compter des garanties pour notre avenir commercial et une indemnité de guerre suffisante payée sous une forme appropriée. »

Cette définition des buts de la guerre préparée en mai 1915 est signée par les représentants de la Ligue des Agriculteurs, de la Ligue des paysans allemands, du Groupe directeur des associations chrétiennes de paysans allemands, du Groupe central des Industriels allemands, de la Ligue des industriels et de l'Union des classes moyennes de l'empire, c'est-à-dire des six groupes économiques les plus importants et les plus puissants de l'empire. On ne prétend pas dans cette

pétition que les résultats demandés soient d'ores et
déjà assurés. C'est un programme de buts de guerre
à réaliser avant la fin de la guerre et une extension
avouée de ceux fixés au début des hostilités. « Ces
exigences, il est inutile de le dire, dépendent de la
possibilité qu'aura l'armée de les réaliser.

Les raisons invoquées pour justifier ces conquêtes
supplémentaires sont que la Belgique et la France
ont encouru la confiscation de ces territoires en atta-
quant l'Allemagne. Les gisements de charbons et de
fer sont déclarés « indispensables non seulement pour
l'existence de notre puissance industrielle et constituent des nécessités militaires », c'est-à-dire qu'on désire les acquérir pour les utiliser comme bases d'une
activité militaire future. On fait remarquer que « les
états neutres industriels se trouvent contraints de devenir les outils de celui des belligérants qui peut leur
fournir du charbon ». Par la possession de tout le
charbon de l'Europe occidentale, la race allemande
sera en mesure de mieux exercer cette contrainte.
« L'Allemagne a déjà été obligée d'avoir recours à la
production belge afin d'empêcher nos voisins neutres
de devenir dépendants de l'Angleterre. » D'ailleurs,
en Belgique, est-il expliqué, se trouvent aussi « les
éléments fondamentaux de nos explosifs » et « le ben-
zol seul substitut de la benzine qui nous manque et
qui est indispensable pour nos sous-marins ».

Pour ces raisons la Belgique et le nord de la France
doivent appartenir à l'Allemagne. Les populations in-
digènes de ces districts « ne seront pas mises en po-

sition d'acquérir une influence politique sur les destinées de l'empire allemand. » Il est aussi spécifié que « les richesses économiques de ces territoires, y compris les grandes et moyennes propriétés, passeront aux mains des Allemands ; la France accueillera et indemnisera les propriétaires ! »

Ces encouragements au pillage et à la conquête étaient-ils une simple expression spontanée des désirs des signataires ou étaient-ils inspirés indirectement par le gouvernement allemand lui-même, dans le but de présenter sa conduite comme l'exécution d'un mandat populaire ? Il est impossible de répondre d'une manière positive à cette question ; mais ce qui est certain c'est que le gouvernement impérial ne se montra jamais hostile à ces revendications excessives. L'empereur dont l'enjeu, dans cette partie, est le plus important, est le moins précis dans ses déclarations ; mais ses paroles peuvent être interprétées dans un sens ultra-annexioniste si les circonstances s'y prêtent. Il a exprimé son désir d'une paix « qui nous donne les garanties militaires, politiques et économiques dont nous avons besoin dans l'avenir et qui réalise toutes les conditions nécessaires à la libre utilisation de nos forces créatrices, chez nous comme sur la mer. » Le roi de Bavière désire expressément « une porte de sortie directe du Rhin à la mer » avec « l'extension de l'empire hors de ses frontières actuelles ». Le duc de Mecklembourg, « un puissant empire colonial en Afrique et un nombre suffisant de points d'appui solides sur le globe terrestre pour notre marine et notre commerce, des stations de charbons et des postes de télégraphie sans fil. » L'ancien chancelier impérial Bettmann-Hollweg limite ses désirs à « tous les pouvoirs et toutes les garanties possibles » qui doivent, insiste-t-il, « assurer à l'Allemagne une position d'une force inébranlable ». Le ministre de l'Intérieur prussien Loebell pense que « l'empire allemand doit se frayer une route par le fer et par le feu jusqu'à ce qu'il soit arrivé au point où il pourra remplir sa mission de politique mondiale. »

C'est dans le même esprit, mais souvent avec plus de précision que parlent d'innombrables conseillers privés, membres du Reichstag, professeurs d'universités, officiers, diplomates et pasteurs dont les vues sont reproduites et généralement applaudies par la presse à l'exception des organes social-démocrates, depuis les journaux quotidiens jusqu'aux revues les plus sérieuses. Il est prouvé d'une manière qui ne laisse aucun doute que depuis les premiers mois de la guerre les classes dirigeantes de l'Allemagne ont été anxieuses de s'assurer des conquêtes territoriales.

Afin de donner une apparence de justice à ces plans d'expansion impérialiste au dépens de la France et de la Belgique, la légende d'une « conspiration » pour attaquer l'Allemagne et la détruire, avec l'Angleterre pour tête, la France, la Belgique et la Russie pour instruments, a été propagée avec persistance en Allemagne et aux États-Unis. Comme sanction, explique la légende, pour le crime d'avoir déchaîné l'horrible fléau de la guerre sur la pacifique Allemagne, ces nations coupables doivent l'indemniser des terribles sacrifices faits par ses braves fils et ses loyaux sujets qui ont donné leurs vies et leurs biens pour la défense de la patrie. On attend non seulement des territoires, mais des indemnités en argent. Ces dernières, l'ancien chancelier impérial, pas plus tard que le 27 février 1917 les a déclarées « nécessaires ». Le gouvernement qui a déclaré la guerre à la Russie et à la France, qui a ordonné l'invasion de la Belgique, qui a autorisé l'Autriche-Hongrie à soumettre la Serbie ; qui, en juillet 1914, a rejeté les propositions russes et serbes de soumettre la question austro-serbe au Tribunal de La Haye, qui a ruiné et dépeuplé la Belgique, annihilé la Serbie, et dévasté la Pologne, — ce gouvernement attend « des indemnités pour les dommages causés à l'Allemagne » ; et pour donner un semblant de justice à ces extorsions, elle tient ces pays pour coupables !

Notez, par exemple, la tentative faite pour amonceler des calomnies contre la Belgique pour s'être défendue : « Le député Hirsh (Social-démocrate) », s'écrie le député national-libéral, Dr Friedberg, au Landtag prussien en janvier 1916, « désire que l'indépendance politique et économique de la Belgique soit restaurée. Mais nous n'avons pas le droit d'oublier que *la Belgique ne fut nullement le pays neutre qu'elle sembla être le 2 août 1914 !* » Ainsi la maison d'un homme assassiné dans son lit sera livrée au pillage, parce qu'on aura découvert pendant le meurtre que la victime avait essayé de faire des arrangements préalables avec ses voisins pour se protéger contre ce même crime !

L'Allemagne, disent-ils, ne désirait pas la guerre. Mais écoutez le major général von Gebsattel, éminent soldat-diplomate qui ne craint pas d'avouer la vérité à ses camarades officiers. Il disait, en octobre 1915 :

« Nous n'avons pas voulu la guerre pour essayer sérieusement cette fois l'excellence de nos canons à tir rapide et de nos mitrailleuses — de cela, nous avions, nous, les vieux soldats, une idée assez exacte. — Nous l'avons voulue, parce que nous comprenions que notre peuple était dans une mauvaise voie pour son développement, parce que nous considérions la guerre une nécessité, et parce que nous savions qu'une guerre est plus facile — au point de vue militaire et au point de vue du minimum de sacrifices — lorsqu'un peuple, contraint de toute manière à lutter pour son existence, *est plus prompt et plus résolu à choisir le moment favorable pour une agression.* »

Il n'y a ici pas la moindre tentative pour cacher le fait que la guerre actuelle était non seulement désirée par les officiers allemands, mais que le moment favorable fut choisi à propos, — non sans d'ailleurs quelques erreurs sérieuses — et que tout le développement de la guerre a montré combien est ignoble et dépourvue de fondement l'accusation d'une conspiration internationale.

Comprenant la futilité de la légende de la conspiration, le théologien Mumm, député socialiste-chrétien au Reichstag, recommande dans le *Berliner Neueste Nachrichten* que la conquête soit justifiée aux yeux des Allemands et du monde en montrant qu'historiquement, à un moment donné dans le passé, la Belgique — qu'il décrit comme un « pur concept politique dû au hasard et un *pis-aller* de diplomates embarrassés » — et les autres territoires convoités, ont fait autrefois partie de l'empire d'Allemagne. « Plongez-vous dans le passé », crie-t-il, « afin d'écrire ce qui doit être dès à présent connu ; les lecteurs comprendront bien quelles inférences ils doivent faire eux-mêmes, *lorsqu il n'est pas possible de les exposer ouvertement.* » Ingénieuse méthode, vraiment, de cacher un crime national perpétré de sang-froid !

Dans certains milieux on considère que c'est presque une trahison envers l'empire que de poser seulement la question de la validité des annexions forcées. Invitant à s'expliquer, l'ancien secrétaire pour les colonies, le Dr Bernhardt Dernbourg, pour avoir déclaré au peuple américain, au cours d'une mission en mai 1915 que la promesse du chancelier impérial de restaurer l'indépendance de la Belgique après la guerre serait tenue, le *Tägliche Rundschau* écrivait : « Si Herr Dernbourg a vraiment offert à nos ennemis — ou à des gens qui sont pour nous comme des ennemis — l'évacuation volontaire de la Belgique, ce serait d'une audace inouïe et contre laquelle il serait absolument nécessaire de protester avec véhémence. S'il a véritablement dit que l'Allemagne ne peut pas penser à accroître ses territoires en Europe, ce serait de sa part une présomption extraordinaire ! » Et le *Leipziger Neueste Nachrichten*, ridiculisant la déclaration attribuée au Dr Dernbourg que l'Allemagne ne soumettrait pas par la force des peuples voisins, doute qu'il ait réellement fait cette déclaration ; car, dit-il, « un tel point de vue mettrait fin à tout développement politique et à toute colonisation ».

La doctrine orthodoxe allemande sur cette question fut, semble-t-il exposée par le chef du parti National-Libéral, Herr Bassermann, dès le mois de décembre 1914, lorsqu'il dit au Reichstag : « Nous conserverons par devers nous jusque dans l'avenir le plus lointain les pays arrosés par le sang allemand,.. Nous saurons garder ce que nous avons conquis et acquérir en outre ce dont nous avons besoin. »

Mais nous n'atteignons la formule finale de l'ambition nationaliste allemande que lorsque nous la recueillons de la bouche du chef du libre parti conservateur au Landtag prussien, Herr Zedlitz-Neukirch. Il dit : « Si nous voulons une paix durable, elle doit nous assurer toutes les acquisitions territoriales que l'Etat-Major général jugera nécessaires pour nous protéger contre le danger d'une guerre future. Et aucune considération pour nos adversaires, leur pays ou leur peuple, ne nous empêchera d'imposer ces conditions ; moins que tout autre nous considérerons le soi-disant droit des habitants des territoires à conquérir de disposer librement d'eux-mêmes. »

Les buts pour lesquels la guerre fut commencée

n'ayant pas été réalisés à cause de la résistance obstinée et inattendue des Alliés de l'Entente, le problème de la négociation d'une paix est devenue des
plus sérieux pour le gouvernement impérial allemand.
Ne réaliser ni annexions de territoire ni indemnité en
argent en dehors des impôts et amendes de guerre
perçus en Belgique et en Pologne pendant l'occupation militaire signifierait une défaite pour les Allemands. Ceux qui sont responsables de la guerre font
naturellement objection à ce mode de règlement et ne
veulent rien abandonner des territoires occupés, ni
voir diminuer les horreurs de la lutte dans l'espérance que les Alliés bientôt désunis ou épuisés, laisseront la victoire à l'Allemagne. La dynastie des
Hohenzollern, ayant pris la responsabilité de cette
vaste entreprise de pillage, ne peut cependant pas
sauver la face sans montrer une justification quelconque pour les « sacrifices » imposés au peuple allemand. Tant que les Alliés de l'Entente persisteront
dans leur opposition, cette difficulté subsistera. Et
pendant ce temps, deux changements sont en train de
s'opérer dans l'esprit du peuple allemand : une fatigue
croissante de la guerre résultant de l'épuisement et
une compréhension graduelle de la réalité au sujet de
la responsabilité d'une guerre que la masse du peuple
allemand croyait au début imposée à l'empire par
une conspiration de puissances hostiles. Le résultat
est que le désir d'une paix même sans annexions ni
indemnités, demandée d'abord par un groupe de social-démocrates, devient rapidement le sentiment du

pays, à l'exception des Junkers, des militaires et des industriels impérialistes dont l'existence même comme classe dominante dans l'empire dépend de la continuation de l'alliance des affaires particulières avec le pouvoir dynastique et militaire. Placé entre ces instigateurs de guerre de rapine et le peuple allemand soupirant pour la paix, l'ancien chancelier impérial Bethmann-Hollweg anxieux de sauver la dynastie, hésita à formuler les termes de la paix allemande et adhéra jusqu'à la fin de son administration à la formule ambiguë : « Tous les gages et toutes les garanties réelles possibles. »

La difficulté n'est pas et ne sera probablement pas levée par des changements de personnages officiels occupant les grandes charges de la maison de Hohenzollern. Les buts et les intérêts restent toujours les mêmes et la nomination par l'empereur de nouveaux ministres ne sert qu'à ajourner les nécessités de réformes et une définition nette de la politique de paix. La déclaration votée par le Reichstag à une grande majorité : « Nous ne sommes guidés par aucun désir de conquêtes » ne signifie pas grand'chose, pas plus que sa répudiation « des acquisitions de territoires imposées par la force et des mesures de violences politiques, économiques et financières », car le Reichstag n'est pas le gouvernement impérial allemand. Au contraire, il a de nouveau et maintes fois mérité son surnom de : « Salle des Echos. » Porté au pouvoir par le parti militaire, le successeur de Bethmann-Hollweg, le Dr Michaelis, parlant avec toute l'autorité de l'empereur sur ce que les conseils de famille avaient décidé au sujet des intérêts de la dynastie, prononça ces paroles : « Les droits constitutionnels du chef de l'Empire ne doivent pas être mis en péril et je ne permettrai à personne de prendre les rênes de mes mains. »

Quelle que puisse être l'impuissance du Reichstag comme expression de la volonté du peuple allemand, un fait est évident et reste d'une grande importance : faire la paix est pour le gouvernement impérial un problème plus grand qu'aucun autre problème ne l'a jamais été au cours de la guerre. Et la raison en est que le gouvernement impérial ne peut plus cacher plus longtemps l'alliance qui amena la guerre, alliance conclue entre le clan rapace des affaires et le pouvoir militaire.

Devant ces deux demandes : que les buts de guerre soient atteints par des annexions et que les assurances du gouvernement impérial que la guerre était strictement défensive soient confirmées en faisant la paix, la maison de Hohenzollern est chargée d'une lourde responsabilité. Il lui est difficile d'un côté de désappointer les espoirs de l'alliance des hommes d'affaires avides et des militaires ; elle ne peut d'un autre côté avouer à ses loyaux sujets qui ont cru à ses affirmations et ont été amenés par la guerre au bord de la ruine, qu'elle les a délibérément trompés. Cependant elle paraît réduite à ce choix.

Le danger de la situation est au moins avoué franchement par un homme d'état du caractère le plus élevé, le prince Alexandre von Hohenlohe. Ses paroles sages et courageuses sont dignes du fils du chancelier impérial allemand qui en 1899, pendant la première Conférence de La Haye — et sur la demande de l'ambassadeur d'Amérique à Berlin et premier délégué à la Conférence, M. Andrew White qui envoya dans ce but un messager à Berlin — avertit l'empereur du dommage durable qu'il infligerait à l'Allemagne s'il permettait aux délégués allemands de faire échec, comme ils en avaient reçu l'ordre, aux propositions pour la formation d'un tribunal international. Il réussit à obtenir avec difficulté l'abandon du système de l'opposition ouverte.

Le prince de Hohenlohe, avec une clairvoyance analogue, déclare que courir après des butins de guerre au lieu de déclarer franchement le désir de conclure la paix, est une politique de courte vue. Il prétend que, pour le peuple allemand comme pour les autres peuples, la plus haute récompense et la seule vraie pour tous les sacrifices faits consiste seulement dans l'assurance d'une paix durable ; et une pareille paix ne saurait être basée sur les trophées que le chancelier von Bethmann-Hollweg et son successeur espèrent s'assurer. Elle ne peut être fondée que sur un règlement juste et honorable ne laissant derrière lui aucun sentiment de vengeance pour l'avenir. Rien, dit-il, ne pourrait mieux consolider l'empire, au dedans comme au dehors que la conclusion d'une pareille paix.

Le peuple allemand, croit-il, lorsqu'il saura tout,

saura tirer sa vraie leçon de la guerre. Il se rendra compte que c'est à son propre gouvernement qu'incombe en premier lieu la responsabilité du conflit. Mais, croit-il, il ne souffrira aucune interférence étrangère dans son organisation politique.

Il fallut au prince un courage plus qu'ordinaire pour dire publiquement en réponse au député clérical Spahn :

« Sans doute, la majorité de la nation allemande, est encore monarchiste. Les différents peuples de l'Allemagne sont encore fidèles à leurs princes, plus ou moins, selon le caractère personnel des souverains. Mais que la confiance dans le chef suprême de l'Empire soit encore entièrement intacte, est une affirmation qui, après trois années de guerre, ne saurait être maintenue... La confiance dans la direction de l'Empire a commencé à disparaître dans le peuple allemand... Il commence à se demander comment il se fait que presque le monde entier soit en armes contre nous et qui est responsable de cela. »

En ce qui concerne l'attitude de la masse allemande envers les termes de paix, le prince dit :

« Le peuple allemand, dans son ensemble, ne demande pas d'annexions de territoires étrangers. Seulement de petits groupes d'industriels et les pangermains échauffés qui ne sont pas recrutés dans la masse, mais dans des milieux d'universitaires, de fonctionnaires et de bourgeois, veulent des annexions. Herr Scheidemann a été rappelé à l'ordre, parce qu'il a prononcé le mot « Révolution » à la tribune du Reichstag. Et pourtant il n'a fait que répéter ce qu'on entend tous les jours dans la rue. Lui aussi a ajouté : « Nous n'en sommes pas encore arrivés là. » Mais il serait puéril de diminuer ce qui pourrait se produire, si les hommes qui tiennent dans leurs mains les destinées de l'Empire allemand ne sont pas de taille à porter les responsabilités placées sur leurs épaules, s'ils ne savent pas reconnaître les nécessités des temps nouveaux et en tenir compte. En ce cas le moment pourrait bien venir où ils reconnaîtraient avec terreur qu'il est trop tard et qu'à la fin le peuple allemand a perdu patience. »

Pendant la guerre il sera difficile à tout allemand de faire opposition au gouvernement impérial. Mais il est évident qu'il y a en Allemagne des tendances difficiles à étouffer vers un changement politique profond. La nature et l'extension de ces changements dépendra en grande partie des résultats de la guerre. Si les Alliés étaient défaits ou désunis, le triomphe de l'autocratie serait complet. Personne en Allemagne ne résisterait aux impressions causées par le retour triomphal d'armées arrivant des champs de bataille et aux effets d'une paix dictée par l'impérialisme victorieux. D'un autre côté, la maison de Hohenzollern se prépare à une autre éventualité. L'empereur, toujours impressionné par les mouvements populaires profonds, malgré ses proclamations stridentes que ses prérogatives royales « viennent de Dieu seul », a déjà proposé « un royaume populaire des Hohenzollern » dans la croyance qu'un droit conféré par le peuple vaudrait mieux qu'aucun droit du tout, et guidé aussi par le soupçon croissant que, si ses armées sont battues, le peuple, à la fin, sera plus puissant qu'il ne l'avait supposé. Dans ce cas, il serait aussi expédient de désavouer de nouveaux ministres que de mettre fin aux exercices sur la corde raide de Bethmann-Hollweg. Les négociations en vue de la réforme n'auraient qu'à être engagées, car cette race des Hohenzollern est une race de trafiquants malins qui d'une petite seigneurie sur un village de paysans de Souabe a su s'élever jusqu'au sommet de l'empire en employant tour à tour l'effusion de sang et le marchandage. Elle préférerait peut-être régner par la volonté du peuple que de suivre l'exemple des Romanof.

Avec quelle aisance, dans une extrémité, le gouvernement impérial pourrait conduire des négociations pour réaliser « un royaume populaire des Hohenzollern » est un fait illustré par cet autre fait : l'intérêt qui fut soulevé lorsque ce même Herr Scheidemann qui prononça le mot « révolution » au Reichstag, fut couvert d'approbations en faisant entrevoir les possibilités d'une paix séparée avec la Russie par l'intermédiaire des socialistes et reçut même de la part de la presse annexioniste le compliment qu'il était « en beau chemin de devenir un homme d'état ». Et pourtant c'était Herr Scheidemann qui avait audacieusement énoncé cette doctrine que « l'annexion du territoire d'une population étrangère constitue une violation du droit des peuples à disposer d'eux-mêmes ». Ce pourrait être là une nouvelle doctrine de la maison de Hohenzollern ; mais si l'armée échouait, il ne serait pas surprenant que l'on donnât à entendre au monde que l'empereur, ainsi que certains l'ont soutenu, avait été, contre sa volonté, forcé de faire la guerre par ses officiers et leurs associés ! L'historien sera peut-être un jour en mesure de fournir la preuve que c'est vrai. En ce cas, ce serait la fin du prussianisme, mais ne serait-ce pas aussi la fin de l'impérialisme ?

Quelles que puissent être les surprises de l'avenir, on ne peut douter que la question principale de la grande Guerre ne soit : le droit des peuples de disposer d'eux-mêmes. Si ce droit fondamental est concédé, il existera une base solide pour l'édification de la nouvelle Europe lorsque le congrès de paix se réunira pour déterminer l'avenir ; car ce droit entraîne la répudiation de l'autocratie, en donnant à l'état une base morale et en même temps il implique l'existence de l'obligation naturelle de chaque peuple de respecter ce droit chez les autres peuples.

Malheureusement cette doctrine n'a pas encore été clairement énoncée comme principe de droit public. En Allemagne on la discute encore. L'éminent professeur de droit de l'Université de Berlin, le Dr Joseph Kohler, écrit :

« La force irrésistible de la guerre et de la conquête prend possession des contrées et des peuples. C'est un des principes fondamentaux du droit international et il suffit à faire litière des vieilles senti-

mentalités... Il est inutile de se laisser troubler par
un sentiment de scrupule en ce qui concerne le plébis-
cite en vertu duquel il est important de consulter la
population pour savoir si elle désire appartenir à un
état ou à un autre. Le territoire porte avec lui la population qui l'habite ; l'individu qui n'est pas satisfait
n'a qu'à quitter le territoire de l'Etat... L'assentiment
rationnel d'un peuple n'a presque aucun sens ; les forces
impulsives de l'âme populaire reposent presque toujours au-dessous du seuil de la raison et de la réflexion. Tout est donc réduit à la force, à une domination inflexible. »

C'est là du pur prussianisme qui est à la fois une
philosophie, une institution et par-dessus tout une
armée. C'est l'apothéose du pouvoir autocratique.
Cette doctrine a créé l'état prussien et la politique logique de l'état prussien est la domination du monde.
« L'empire du monde ou la chute », telle est l'alternative du complot désespéré et de la barbarie sans remords avec laquelle la Prusse conduit à sa ruine une
des plus grandes nations de la terre.

Historiquement, la Prusse peut prétendre justement que l'Europe n'a jamais formellement répudié
la doctrine du droit de conquête et que chaque état
l'a virtuellement pratiqué à un certain moment. Ceci
est indiscutable et il est important de ne point l'oublier car le moment est maintenant arrivé de déterminer d'une manière permanente si la force arbitraire
ou les principes généralement acceptés de justice
constitueront la base de la civilisation européenne. Si

l'on doit juger les empires du centre par leur conduite et les Alliés de l'Entente par leurs professions de foi, c'est bien réellement une question fondamentale qui se dresse entre eux. Si l'avenir de l'Europe et du monde civilisé doit reposer sur l'affirmation qu'un état puissant pour satisfaire ses ambitions économiques peut prendre possession du territoire et du peuple d'un état militairement plus faible, et disposer à sa convenance de l'un et de l'autre, alors l'Europe et le monde entier sont déjà prussianisés en principe et le seront bientôt en fait. Il serait encourageant de croire que seuls les empires du centre et leurs alliés turcs et bulgares acceptent ce principe.

Ce fut la menace d'appliquer la théorie prussienne des relations internationales aux Etats-Unis qui finalement ouvrit les yeux au peuple américain et le rendit capable de voir que la neutralité envers un empire agissant et complotant pour étendre et perpétuer cette théorie était impossible. Il avait hésité à venger ses morts, cruellement immolés, en haute mer ; il avait répugné à se joindre à ce qui semblait être une querelle européenne : il croyait que la nation allemande se lèverait d'elle-même pour dénoncer de pareilles énormités qu'elle avait été entraînée à commettre ; il attendit cela longtemps, croyant qu'un peuple — un peuple qui s'était déjà élevé à tant de sommets, dans tant de formes de civilisation — ne pourrait être toujours aveuglé par des chefs qui défiaient toutes les nations de la terre d'ébranler seulement ce qu'ils pensaient être leur force irrésistible ; mais c'est en vain qu'il a attendu.

Ceux qui connaissent l'Allemagne et les Allemands n'attendent pas une révolution générale tant que les armées allemandes ne sont pas battues sur les champs de bataille. La rébellion contre le système existant n'est pas seulement extrêmement périlleuse pour ceux qui pourraient la proposer, mais il est dans le caractère allemand d'être loyal envers le gouvernement impérial pendant qu'on croit que le pays est encore en péril. Non, pas avant que l'affreuse vérité ne les éclaire et ne leur montre les atrocités commises en leur nom, comment ils ont été eux-mêmes trompés, quel sort cruel fut celui de leurs fils et de leurs frères, menés à la boucherie pour gagner des ports, des mines, des indemnités de guerre, et que tout cela ne leur a rapporté que le désastre, la dette et la honte — pas avant ce moment le peuple allemand ne réclamera un contrôle plus responsable de sa destinée et une réorganisation de la vie internationale sur une base de paix par la justice. Déjà des voix isolées ont été entendues demandant ces changements. Les protestations ont surtout émané des social-démocrates, mais il n'y a pas qu'eux qui savent que l'Allemagne est devant le reste du monde comme un coupable démasqué et convaincu de son crime, comme un coupable dont la bonne renommée s'est perdue dans une alliance sacrilège entre la convoitise de chacun et le dogme sauvage de la prérogative divine ; association qui a élevé un autel du sacrifice au nom de la religion afin de donner au pouvoir militaire une sanction sacrée pour la perpétration d'un crime immense.

Ce qui a permis à cette alliance d'obtenir l'appui du peuple allemand, c'est le sophisme que l'Allemagne est la victime des désirs égoïstes des autres puissances ; que des possibilités convenables de développement industriel et commercial et la sécurité de l'Allemagne contre une attaque future ne pourraient être assurées que par le combat. Tant qu'on croira cela, le gouvernement impérial pourra exiger l'appui même de ceux qui réprouvent la politique agressive de l'Allemagne.

Le sentier de la paix nous mène donc vers un avenir de meilleures garanties de justice pour toutes les nations. Mais tant que les intérêts purement nationaux seront considérés comme prééminents, la rivalité militaire se trouvera justifiée.

Il faut donc désirer que les fruits de cette guerre constituent avant tout un avantage international. Il ne devrait être permis à l'avenir à aucune nation de placer ses intérêts particuliers au-dessus du bien-être général. Chaque nation prenant part à la Grande Guerre n'y est sans doute entrée que pour servir ses intérêts nationaux spéciaux, mais on ne peut pas dire que les buts de l'Entente ne sont pas justes. La Russie réclamait pour la Serbie le droit d'être entendue. La France était l'alliée de la Russie et une victime désignée de l'attaque allemande. L'Angleterre était garante de la neutralité de la Belgique qui fut impitoyablement subjuguée en violation d'engagements solennels pris envers les Etats-Unis aussi bien qu'envers les puissances européennes. L'entrée de l'Amé-

rique dans la guerre fut la réponse à des agressions
militaires répétées et à des complots secrets dirigés
contre ses industries, ses droits de puissance neutre
et son intégrité territoriale. Comme l'a bien dit le
Président: « Nous n'avons aucuns désirs égoïstes à
satisfaire. Nous ne voulons ni conquête, ni colonies.
Nous ne réclamons ni indemnités pour nous-mêmes,
ni compensations matérielles pour les sacrifices que
nous ferons librement. Nous ne sommes que les champions des droits de l'humanité. » Mais cette défense
des intérêts humains les plus élevés serait une illusion
si le traité de paix impliquait une reconnaissance des
doctrines contre lesquelles nous nous élevons, peu
importe au nom de qui elles pourraient être invoquées. La cause que nous défendons serait perdue
s'il restait encore dans le champ quelque butor ou
quelque spadassin affirmant de nouveau son droit de
prétendre à des territoires ou de réduire des peuples
en esclavage par l'emploi de la force militaire. Le
peuple américain ne participe pas à cette lutte dans
le but d'aider à placer une nation européenne quelconque au-dessus des autres.

Il y aura des questions de réparations de dommages causés, de restitution de territoires pris à tort
et de garanties pour l'avenir ; mais ces mesures seront motivées par des raisons de justice et non par
des raisons militaires. Les demandes de réparations
et les avantages exigés présentés par les belligérants
pourront être soumis au jugement des autres avant

d'être admis à titre de conditions du règlement final.
Si la paix future doit être durable, l'idée d'internationaliser les résultats de la guerre devra prendre un immense développement. La victoire des Alliés n'appartiendra pas à un seul, mais à tous. Plutôt le fait de la communauté des intérêts sera établi et plutôt prévaudra dans les esprits une disposition à se soumettre à des jugements collectifs — plutôt la paix juste et durable sera possible. C'est seulement par le triomphe de ces idées que les mers et les océans du monde pourront être sûrs et librement accessibles à tous les peuples. Bien des routes commerciales de transit qui ont été jusqu'ici interdites à des nations sans débouché sur la mer devront être ouvertes et les nations arriérées du monde devront être traitées comme les pupilles communs des peuples plus civilisés.

Rien ne pourrait contribuer plus efficacement à la conclusion de la paix qu'un désaveu franc de tout profit national exclusif. L'esprit exemplaire de renonciation manifesté par la Russie et l'absence connue de fins égoïstes de la part des Etats-Unis pourraient heureusement inspirer un pareil désaveu. Une déclaration claire des principes de droit public qu'il est désirable d'établir dans l'avenir et un engagement solennel de les observer et de les défendre constitueraient d'excellents préliminaires aux négociations de paix. Le monde entier pourrait à ce moment exprimer son adhésion libre et volontaire à ces principes. Un tel engagement comprendrait nécessairement la répudiation du droit de conquête militaire et de son infâme corollaire qui lie le sort des habitants à celui du sol et les soumet à la volonté du conquérant, car la seule base sur laquelle l'Europe puisse être reconstruite comme société d'états est l'inviolabilité de ses membres.

L'histoire jugera les nations qui ont pris part à la Grande Guerre moins par les motifs pour lesquels elles s'y sont engagées que par les résultats qu'elles sauront en tirer.

Si les puissances signataires du traité de paix contractent des engagements secrets en vue de futurs agrandissements et sortent du congrès de paix avec de nouveaux engagements secrets dans leurs poches, la nouvelle Europe ne sera qu'un rêve, et c'est avec une vieille Europe travestie que l'Amérique devra vivre.

Le peuple américain approuvera sans doute son gouvernement s'il prend part à une ligue pour la paix, mais avec l'espoir que ce soit un projet sincère de paix et non une occasion de nouveaux conflits dans lesquels les Etats-Unis ou les autres nations américaines se trouveraient entraînées.

Un écrivain anglais a prématurément affirmé :

« Le Président Wilson a offert de garantir une ligue pour la paix et d'appuyer les traités internationaux par la promesse que l'Amérique interviendra en dernier ressort contre l'agresseur ou le contrevenant aux stipulations du traité. En d'autres termes elle garantit l'exécution de pareils traités dans l'avenir. Son intervention constitue un fait nouveau, une garantie que le passé n'a pas connue. »

.Oui, une pareille garantie serait bien en vérité « un fait nouveau », mais d'une nature telle que très probablement l'avenir n'en connaîtra jamais. Le Président n'a naturellement pas pris un tel engagement. Aucun homme d'état intelligent ne « garantirait » — sachant comment les traités sont quelquefois faits — des traités qu'il n'aurait pu préalablement approuver.

Il y aura certainement une ligue pour la paix. Mais une pareille ligue ne saurait être une ligue concernant les guerres futures, militaires ou économiques. A tous les états, il faudra demander des garanties égales, mais la meilleure garantie sera une communauté d'intérêts basée sur l'attribution à chaque signataire du traité de paix de droits égaux et l'imposition de devoirs égaux.

Le peuple américain désire s'opposer aux agressions et aux violations de traités; mais s'il est sage, il n'engagera pas son gouvernement, sous le prétexte d'imposer la paix, soit à faire la guerre à d'autres nations, ou à se soumettre lui-même à la guerre, si elle lui est faite, comme à un acte régulier, dans des circonstances totalement inconnues au moment où sera signé le traité de paix.

La véritable sagesse pour l'Amérique est de se joindre, de bonne foi, aux forces qui veulent réaliser dans le monde la paix par la justice ; mais, pour pouvoir jouer efficacement son rôle, son premier devoir sera d'être toujours prête à se défendre elle-même.

TABLE DES MATIÈRES

Vannes. — Imprimerie LAFOLYE Frères.

VICTOR CAMBON

NOTRE AVENIR

In-16. . . . . 4 fr. 50

Livre dur, livre implacable, mais livre sincère et vrai.

CHARLES CHENU, *ancien bâtonnier.*

Expansion industrielle, enseignement technique, administration, main-d'œuvre, etc., M. Victor Cambon aborde dans ce livre à peu près tous les problèmes qui se poseront au lendemain de la guerre.

(L'Homme enchaîné.)

Œuvre de premier ordre...

(Je sais tout.)

Tout serait à citer de ce livre, surtout les pages de conclusion...

(Le Nouvelliste, de Lyon.)

LETTRES D'UN VIEIL AMÉRICAIN

A UN FRANÇAIS

Traduites de l'anglais par J.-L. DUPLAN

Préface de Lysis

In-16. . . . . **4 fr. 50**

Les lecteurs français trouveront dans ce livre, condensées sous une forme énergique et vive, les opinions d'un Américain sur les Français et la vie française.

« Il importe au lecteur français de savoir que le vieil Américain n'est pas un littérateur, un aligneur de phrases ou de théories, mais un homme d'action, le créateur d'une industrie qui fait vivre des milliers d'ouvriers.

«... La notion du temps est la première de toutes à l'époque où nous vivons. Un penseur retrouve dans tous les détails de la vie moderne la même préoccupation d'aller vite.

«... Ces lettres persuasives fourmillent d'observations justes et d'exemples frappants. »

Lysis.

LÉON GUILLET

Professeur au Conservatoire National des Arts et Métiers et
à l'École Centrale des Arts et Manufactures

L'ENSEIGNEMENT TECHNIQUE SUPÉRIEUR
A L'APRÈS-GUERRE

Préface de M. Henry Le Chatelier, de l'Institut.

In-16 . . . . **4 fr. 50**

Traitant de la formation des ingénieurs, l'auteur suit pas à pas l'élève depuis ses premières années de lycée jusqu'à l'enseignement post-scolaire. Un des chapitres les plus importants est consacré à l'influence des méthodes et des programmes de l'Enseignement secondaire. Enfin, l'enseignement post-scolaire supérieur, à peine né en France, fait l'objet d'une longue étude qui se termine par des conclusions précises qui ont déjà fait l'objet d'une importante discussion à la Société des ingénieurs civils de France.

Vannes. — Imprimerie LAFOLYE Frères.